In der Balance zwischen Wiedersehen und Abschied (MAFIA)

Ecke Kalbach

Inhalt

Kapitel 1

WAS? Oh mein heiliger Jashin nein! Die Leute aus dem Laden, Kaito miteingeschlossen, sind meine Gäste und Kollegen, bzw. Angestellten. Außerdem... bin ich glaube ich eh nicht so der Beziehungsmensch... Ich meine ich bin eigentlich fast das komplette Gegenteil zu einer typischen, japanischen Frau, sage ich mal so. Erstens sind japanische Frauen meist nicht viel größer als 1,60, da bin ich mit knapp 10 Zentimetern mehr, meiner Ansicht nach, schon deutlich größer. Außerdem haben sie meist dunkle Haare, eher schmale Augen und achten die Traditionen und höhere Bildung. Ich habe hell und auffällig gefärbte Haare, eher größere grüne Augen, interessiere mich nicht ansatzweise für japanische Geschichte, Kultur oder Traditionskram und nachdem ich mit der Oberschule fertig war, habe ich ein

Jahr studiert das dann abgebrochen und den Laden hier nach dem Tod meiner Großeltern übernommen. Des Weitern, und ich weiß nicht, ob ich das gut oder schlecht finden soll, bekomme ich, wenn ich denn mal raus gehe, eher weniger Blicke von männlichen Wesen zugeworfen und wenn, dann sind es irgendwelche abschätzigen, die sich, wenn sie denken, dass ich sie nicht höre, sich über mich das Maul zerreißen und ja ich weiß, so sollte man nicht über Ältere reden. So respektlos, aber wie gesagt, mir ist es egal was andere von mir denken. Ich habe meine Kater, ziemlich gute Freunde und ein halbwegs gut laufenden Laden, der mir mein Einkommen sichert. Was will ich mehr? Aber jetzt mal genug von mir. Wie siehts bei dir aus?", frage ich, während ich meinen Ellenbogen auf meinem Oberschenkel und mein Kinn auf der Hand von diesem abstütze. „Ach was. Also ich find dich toll wie du bist… Also, dass du dein Leben so lebst wie du willst und so und dass es dir egal ist, was andere von dir denken. Außerdem…", er macht während des Sprechens eine Pause, weshalb ich nachhorche. „Hmm?"

„Außerdem ist es doch ganz gut, wenn man aus der Menge heraussticht. Anders ist, als die anderen und nicht dem Stereotypen entspricht. Das kann jeder und was jeder kann ist langweilig. Und na ja, bei mir sieht es auch ziemlich mau aus... Meine Mutter spricht mich ständig darauf an, wann ich denn endlich ein Mädchen mit nach Hause bringe... auch wenn ich schon längst nicht mehr bei ihr wohne... aber irgendwie... keine Ahnung, habe ich wohl noch nicht die Richtige gefunden.", gibt er von sich und kratzt sich, scheinbar verlegen, am Hinterkopf. „Vielleicht sind wir beide einfach nicht ganz so typisch und fallen aus der Reihe. Aber immerhin, schön zu wissen, dass ich nicht alleine bekloppt bin.", lache ich und stehe von meinem Stuhl auf. „NAO!", höre ich plötzlich Kaitos Stimme rufen, weshalb ich zu Ukai meine: „Kommst du mit runter? Also wenn Sirius dich lässt? Sonst kannst du auch gern hier bleiben. Ich kenn dich ja und die Katzenhaare wirst du jetzt wohl nicht mehr so schnell los." „Ich komme mit, alles gut. Ich glaub es wäre dezent seltsam, wenn ich alleine in deiner Wohnung bleibe und deine Kater streichle." „NAO!", ruft es wieder von unten, weshalb ich genervt aufstöhne, ein „KOMME!", herunter rufe, das Zimmer durchquere und die Treppe herunter steige. Ukai folgt mir auch sogleich mit den Worten: „Ich geh mal raus eine Rauchen, ja?" „Mach nur. Du kannst auch hier raus und den Hintereingang benutzen, wenn du willst. Dann muss du nicht durch den ganzen Laden latschen. Also nicht, dass es mich stören würde aber...“

„Schon klar. Einfach hier die Treppen dann runter nehme ich an?“, fragt er mich und deutet auf die Stufen rechts von uns. „Genau die. Hier der Schlüssel. Die Tür unten klemmt manchmal ein bisschen, aber wenn man ein wenig gegen drückt geht die auch auf. Es sei denn, du quetscht dich durch die Katzenklappe, was sicherlich ein interessanter Anblick wäre.“, meine ich schnell, drücke ihm die Schlüssel in die Hand, schlüpfe in meine Arbeitsschuhe, die ich vorhin einfach irgendwie abgestellt habe und flitze die Treppen herunter, dabei darauf achtend nicht über Sasuke zu stolpern, der mir durch die Beine huscht. Währenddessen nehme ich aus dem Augenwinkel einen kopfschüttelnden Ukai war, welcher die Treppen runter latscht. „Was gibt's?“, frage ich, als ich durch den Vorhang hervor trete und zu dem, hinter dem Tresen stehenden Kaito blicke. „Wollte mal schauen ob du noch lebst. Schließlich habe ich knapp drei Stunden oder so nichts von dir gehört, außer, dass du mal wieder die Treppe runtergeflogen bist.“, grinst er mich schelmisch an. „Wow, dankeschön. Haben wir echt solange geredet? Kann doch eigentlich gar nicht sein. Na ja, auch egal. Dann übernehme ich jetzt, war viel los?" „Ne alles wie immer, relativ gediegen." „Alles klar, danke dir.", damit übernehme ich seine Position und lasse meinen Blick durch die Bar wandern. Wenige der Tische sind besetzt und diejenigen, welche an diesen Sitzen, sind bereits mit Getränken und Essen versorgt. Toniou sitzt wie jeden Tag am Spielautomaten und verzockt sein Geld. Eigentlich hat der Kerl echt nicht wenig Geld, aber scheinbar gefällt ihm die Gesellschaft in der Kneippe hier und da er schon bei meinen Großeltern damals immer hier war, gehört er einfach dazu. Ohne ihn kann ich mir den Schuppen hier kaum vorstellen.

Nach knapp 20 Minuten kommt auch Ukai wieder und betritt den Gästebereich. „Ach ja Zuki, ich wollte dich vorhin eigentlich noch was fragen, bevor diese Typen hier rein gekommen sind. Und zwar hat Takeda ja vorhin mit dem Busverleih gesprochen und na ja, das Problem ist, dass die uns entweder ab Morgen einen Bus zur Verfügung stellen können, was bedeuten würde, dass du uns einen Tag lang mehr ertragen musst, oder die andere Möglichkeit, die wäre, dass du uns, wenn das für dich möglich ist und so, zurück in die Miyagi Präfektur fährst. Also muss du natürlich nicht, aber Takeda hielt es zumindest für eine gute Idee mal zu fragen." „Hmm... eigentlich gar keine schlechte Idee. Ich will zwar ungern Kaito nochmal fragen, ob der meine Schicht übernehmen kann, aber theoretisch dürfte das kein Problem sein. Dann kann ich auch Saeko und ihre Truppe direkt abholen, das hätte ich sonst morgen früh gemacht. Die haben irgendwann demnächst einen auftritt hier in Tokio. Ich frage ihn mal schnell und bin dann sofort wieder da, wenn einer der Gäste was möchte, sag bitte, dass ich gleich wiederkomme.", mit diesen Worten drehe ich mich weg und gehe mit Kaito, welchen ich auf dem Weg eingesammelt habe, zu den Privaträumen, um ihn dort, außer Hörweite der Gäste darum zu bitten meine Schicht zu übernehmen. ,,Klar kein Problem. Aber das sollte nicht zu oft vorkommen, sonst ist mein Gehalt irgendwann größer als deins und dann hast du glaub ich nen Problem." ,,Danke dir, du bist ein Schatz."

Nachdem das geklärt ist, laufe ich zurück zu Ukai und überbringe ihm die guten Nachrichten. Dieser freut sich natürlich darüber und beschließt, diese sogleich dem restlichen Team mitzuteilen, damit diese ihre Taschen packen können.

Zeitsprung um ca. eine Stunde, da Bokuto in seinem Depri Modus hängt, weil alle Eulen-Jumpsuits im Netz ausverkauft waren, er die aber mit Akaashi im Partnerlook tragen wollte und Akaashi jetzt Schwierigkeiten hat, ihn aus diesem Modus zu holen.

„So, ihr habt alle eure Sachen?“ „Ja. Danke Shizu, dass du uns zurück fähst.“, ertönt die Stimme des grauhaarigen, ehemaligen Zuspielers der Karasuno. „Kein Ding, so ich geh nur nochmal kurz alles durch. Ihr habt euren Kram beisammen, seit alle hier, wir haben also niemanden vergessen. Kaito übernimmt meine heutige Schicht. Morgen ist auch jemand da. Meine Freundin kümmert sich um meine Katzen und Kaito trägt die restliche Verantwortung dafür, dass mein Schuppen noch steht, wenn ich morgen mit Saeko und ihrer Band hier antanze. Der Wagen ist getankt und das Navi funktioniert... Alles klar, dann geht's los. Ihr kennt das ja, einmal anschnallen und auf geht`s.“

Mit diesen Worten starte ich den Wagen, fahre aus der Einfahrt und durch die überfüllten, lauten und vor allem in erster Line unübersichtlichen Straßen Tokyos. Obwohl ich hier schon so viele Jahre lebe, vermeide ich es, wenn möglich tagsüber durch die Stadt zu fahren. Denn obwohl ich eher in einem Randbezirk lebe, ist auch auf den Fahrbahnen hier nicht gerade wenig los.

Völlig egal ob man nur die Fußgänger, welche sich teils ziemlich gestresst durch die Menschenmassen zwängen, oder die Autos, dessen Fahrer sich hupend und fluchend gegenseitig auf den Geist gehen, betrachtet. Es macht kaum einen Unterschied. Wie gesagt... Tokyo schläft nie. „WOAH! Ist das etwa der Skytree?!",tönt es plötzlich laut aus dem hinteren Teil des Wagens, weshalb ich leicht zusammenzucke und das Lenkrad etwas fester greife. Tief durchatmend frage ich dann zischend: „Bitte was? Das was du da siehst ist vermutlich ein stinknormaler Stahlturm oder so. Schließlich wohne ich im Bezirk Adachi und der Skytree liegt meines Wissens nach im Bezirk Minato. Und obwohl er so groß ist, kann man ihn von hier glaube ich eher nicht sehen. Aber bitte, Nishinoya schrei nicht auf einmal los, wenn jemand gerade Auto fährt. Das könnte gefährlich enden. Für alle Beteiligten." „Oh, ja entschuldige Shizu.", ruft er wieder, weshalb ich mich schmunzelnd wieder aufs fahren konzentriere.

Kapitel 2

Zeitsprung ca. 6 h später, weil Oikawa besser nach Shiratorizawa hätte gehen sollen, was sich Iwaizumi innerlich nun auch teils wünscht.

„JAAAA! Wir sind daaa!", freut sich Hinata, als ich den Van an der Karasuno zum Stillstand bringe und durch den Vorhang zu den anderen gehe, nachdem ich die Schlüssel abgezogen und die Tür per Knopfdruck geöffnet habe. Als nach wenigen Sekunden alle das Fahrzeug mit ihrem Gepäck verlassen haben, springe auch ich auf den geteerten Boden meiner alten Schule und sehe mich staunend um. „Wow, hier hat sich ja echt nichts verändert."

Ich lasse meinen Blick wieder über die Schüler wandern, welche sich in einer Reihe vor mir aufgestellt haben.

„Vielen Dank für das Abholen, Essen, Übernachten und wieder herfahren. VIELEN DANK!“, beginnt Sawamura, der Kapitän, ehe sich am Ende alle gemeinsam bei mir bedanken. „Kein Ding, ich helfe gerne.“, schmunzle ich und zeige ein Peacezeichen. „Duuuu? Shizuuu? Kommst du auch zu unserem nächsten Spiel?“, fragt Noya, während er mich mit funkelnden Augen ansieht. „Wenn Ukai mich richtig informiert hat, habt ihr als nächstes ja den Vorentscheid hier in der Präfektur. Wenn das zeitlich passt, komme ich gerne... Also dann, freut mich euch alle mal kennengelernt zu haben. Und wenn ihr auf dem Feld steht, denkt einfach dran, dass ihr nie alleine spielt und nicht alleine seid. Verlasst und vertraut auf und ineinander, dann wird der Sieg euer sein. Einfach den Ball oben halten und dann schafft ihr es auch die Schlacht am Müllplatz, nicht nur Wirklichkeit werden zu lassen, sondern sie vielleicht sogar zu gewinnen. Man sieht sich! Ukai können wir gleich nochmal ne Runde schnacken? ... Tanaka? Sagst du Saeko, dass ich morgen so gegen 13:00 Uhr bei euch bin um sie abzuholen? Dann kann sie ja mit ihren Bandkollegen abklären, wer den Wagen mit den Instrumenten fä hrt.“, richte ich mich zuletzt an den Jungen mit dem grauen Buzzcut, der mich sowohl von seinem Äußeren, als auch seinem Charakter an Keishin früher erinnert. „Klar mache ich."

Während sich die Schüler nochmals bei mir bedanken und dann ihren Heimweg antreten, gesellt sich Takeda zu mir. „So, auch nochmal von mir ein großes Dankeschön, für die letzten zwei Tage. Sie haben viel für uns getan. Wäre es in Ordnung, wenn Sie mir ihre Kontodaten geben und ich Ihnen das Geld überweiße? Vielleicht könnten Sie mir auch eine Rechnung zukommen lassen, sodass die Schule die vollständigen Kosten übernehmen kann." „Sie müssen das zwar nicht machen, aber klar, wenn Sie eine Rechnung möchten, kann ich ihnen selbstverständlich eine ausstellen. Die schicke ich dann mitsamt der Daten für die Kontoverbindung als Bild per Mail oder möchten Sie es lieber als Brief? Dann können Sie das direkt weiterleiten und müssen es nicht erst noch ausdrucken. Und wie gesagt, Sie können mich auch gerne duzen. Das stört mich nicht im geringsten. Also na dann, es war nett auch Sie kennengelernt zu haben Takeda. Vielleicht sieht man sich ja beim nächsten Spiel. Machen Sie es gut.", mit diesen Worten verabschiede ich mich von Takeda und wende mich Keishin zu.

„So mein lieber. Da wir ja gestern nicht wirklich die Zeit dazu hatten uns großartig zu unterhalten und da ich Saeko und ihre Kollegen erst morgen abhole, dachte ich mir, dass wir vielleicht zusammen einen Trinken gehen können. Der alten Zeiten wegen... Also nur wenn du Lust und Zeit hast.", setze ich schnell hinterher und sehe den Blondhaarigen vor mir fragend an. „Klar können wir machen. Wenn du willst, kann ich auch die anderen aus unserem alten Team mal anschreiben, wir spielen immer noch gemeinsam im Nachbarschaftsverein und da die dich nun auch schon ziemlich lange nicht mehr gesehen haben..." „Klar, klingt gut. Also dann, einsteigen! Du musst mir nur sagen, wo ich hinfahren soll. In den letzten Jahren hat sich hier doch das ein oder andere ein wenig verändert.", erläutere ich und klettere schmunzelnd in meinen Wagen, in welchen mir Keishin auch sogleich folgt.

Während ich mich auf den Fahrersitz fallen lasse, ertönt Ukais Stimme hinter mir: „Ich schreibe die Jungs gleich mal an. Fährst du vorher einmal zu mir? Ich würd mich gern umziehen und wenn es dich nicht stört, auch einmal schnell duschen. Ich wollte heute Morgen nur ungern mit den ganzen Jungs in ein Bad." „Klar, kein Problem. Du wohnst über dem Sakanoshita oder?"

,,Ganz genau. Daran hat sich nichts geändert. Außer, dass meine Mutter nicht mehr da wohnt." Nickend stimme ich seiner Aussage zu und fahre mit meinem Wagen von dem Gelände der Karasuno weg, biege aus dem Schultor kommend nach links ab und folge der Straße einige Zeit bis ich den Wagen, nach einigen weiteren Abbiegungen, neben Keishins Laden zum stehen kommen lasse.

Ukais pov.

,,So da wären wir.", ertönt es von Zuki, welche sich von ihrem Fahrersitz erhebt. Erst jetzt merke ich, dass wir bereits vor dem Laden stehen, welchen ich von meiner Mutter geerbt habe. Besser gesagt übernommen. Schließlich lebt sie noch. ,,Kommst du dann mal? Ich meine klar die Sitze sind gemütlich, aber Duschen kannst du hier drinnen wohl kaum.", reißt mich die Weiß-silberhaarige aus meinen Gedanken. ,,Huh? Ach was, klar ich komme." Also stehe auch ich aus dem Fahrzeug, in welchem wir die letzten Minuten schweigend nebeneinandergesessen haben auf und beobachte Nao dabei, wie sie den Wagen abschließt, ehe sie sich mir zuwendet. ,,Alles in Ordnung Keishin? Du wirkst irgendwie abwesend?... Bin ich dir zu anstrengend und dränge mich auf? Wenn ja, musst du mir das sagen ja? Ich bin da manchmal etwas ähm... schwer von Begriff, wenn du verstehst." Sie glaubt, dass ich sie anstrengend finde? Warum sollte ich? Im Gegenteil. Eigentlich ist es ja auch mal ganz angenehm, mal wieder Zeit mit ihr zu verbringen. Außerdem, hat sie sich über all die Jahre so sehr verändert, da ist es, als würde ich einen neuen Menschen kennenlernen, sie von einer ganz andern Seite.

`Vielleicht solltest du ihr mal antworten...`, schießt es mir durch den Kopf, weshalb ich meinen Kopf schüttle, meine Hände abwehrend hebe und mich mit einem nun wieder klaren Blick an sie richte: „Ach was Nein! Das verstehst du falsch! Im Gegenteil. Also, na ja... ja also eigentlich verbringe ich echt gerne Zeit mit dir und so. Also weil, ich meine wir haben uns ja echt lange nicht mehr gesehen und dafür, dass wir damals na ja, schon irgendwie recht dicke zusammen waren, ist es jetzt irgendwie merkwürdig nachdem man solange nichts mehr voneinander gehört hat, wieder so viel Zeit miteinander zu verbringen. Wie gesagt, nicht, dass ich das schlecht finde, es ist nur... öhm... ungewohnt... aber wie auch immer. Komm doch mit rein.", druckse ich herum und gehe dann zu Wohnungstür, schließe diese auf und betrete, gefolgt von meiner ehemaligen Schulkameradin das Haus. „Keishin Schatz! Bist du das?", ruft auf einmal meine Mutter aus dem Laden. „Ach ja... Zuki, das ist meine Mutter. Sie arbeitet manchmal im Laden oder vertritt mich, wenn ich wegen dem Training und den Spielen der Jungs ausfalle. Mum, dass ist Shizuka Nao, eine ehemalige Schulkameradin von mir.", stelle ich die beiden einander vor, als meine Mutter durch den Vorhang, welcher meinen Hausflur und den Ladenbereich voneinander trennt, in unser Sichtfeld trifft. (Warum hängen eigentlich überall Vorhänge? Ich meine in ihrem Auto, in ihrem Laden, in diesem Laden... wer weiß wo noch...)

„Ach Keishin, hast du endlich eine Freundin gefunden? Schön, dass du sie gleich mit nach Hause bringst und sie mir vorstellst. Aber sag mal liebes, hast du nichts besseres gefunden?" `Äh, bitte was?!` „Ähm..." „Sie ist nicht meine Freundin! Sondern eine ehemalige Klassenkameradin! Hör auf nur das zu verstehen, was du verstehen willst! Und was soll das überhaupt heißen nichts besseres gefunden! Du hast ja wohl nicht darüber zu entscheiden!", schnauze ich meine Mutter an, weshalb diese mir einen Todesblick zuwirft. „Halt den Rand mein Junge! Wer hat denn bitte von dir gesprochen.

Du solltest froh sein, dass dieses hübsche, junge Ding überhaupt Zeit mit dir verbringt. Und wenn ich mich recht erinnere, hast du damals, als du auf die Karasuno kamst doch immer von eurer Managerin geschwärmt und meiner Erinnerung nach, die, mal nebenbei erwähnt, absolut vorzüglich ist, genauso hieß, wie deine Freundin hier. Komm mit liebes, wird Zeit, dass ich dir mal ein wenig was über meinen lieben Sohn erzähle. Und du Keishin solltest mal lieber duschen gehen! Du riechst schlimmer, als ein nasser Hund im Hausflur!", mit diesen Worten zieht meine Mutter Nao mit sich in den Laden und lässt mich sprachlos im Flur stehen. Was ist denn bitte auf einmal mit dieser Frau los?!

Noch immer verwirrt laufe ich die Treppen hoch, tapse durch den Flur in mein blau gefliestes Badezimmer, ziehe die Klamotten aus und rieche etwas verunsichert an diesen. Stinke ich wirklich so krass? Nach dieser kurzen Überprüfung und der glücklichen, na ja, mehr oder weniger glücklichen Feststellung, das meine Mutter maßlos übertrieben hat, drehe ich das Wasser auf und stelle mich unter die Dusche. `Ich sollte mich vielleicht mal lieber beeilen, wer weiß was meine augenscheinlich aktuell verrückte Mutter Nao sonst alles so erzählt...

Kapitel 3

Zeitsprung ca. 10 Minuten später, weil Bokuto mit Akaashi Eis essen war, sein Eis aber runtergefallen ist und er jetzt eine Trauerrede schreiben muss. RIP Eis an der stelle.

„Mist... Vielleicht hätte ich mir andere Klamotten mitnehmen sollen, na ja auch egal. Mein Zimmer ist schließlich direkt gegenüber.", spreche ich zu mir selbst, wickle ein größeres Handtuch um meinen Unterleib, betrachte kurz mein Abbild im Spiegel und trete dann mit nass, nach unten hängenden Haaren aus dem Bad. Als ich feststelle, dass ich alleine im Flur bin, entspanne ich mich etwas und öffne meine Zimmertür indem ich die Holzverkleidung zu diesem in den Schienen zur Seite schiebe, den Rücken in Richtung meines Zimmers gerichtet um mit sicherzugehen, dass nicht plötzlich jemand die Treppen hochkommt, mein Zimmer betrete und die Tür wieder schließe. Erst jetzt atme ich erleichtert auf und drehe mich ganz in mein Zimmer.

„WUAHHHH!", entweicht es mir erschrocken, als ich Nao wenige Meter von mir entfernt in meinem Zimmer stehen sehe. „Ah Keishin du bist wieder... WUAHH!", kommt es auch von ihr erschrocken, als sie ihren Blick vom Fenster abwendet und die Situation bemerkt. „WARUMHASTDUNICHTSAN?HASTDUSCHONMALWAS-DAVONGEHÖRT,DASSMANSICHKLAMMOTTENMITN-MMT,WENNMANDUSCHENGEHT!", schnauzt sie in einer unfassbaren Geschwindigkeit und Lautstärke weiter, während sie sich die Hand vor die Augen hält. „Jetzt tu mal nicht so als ob ich nichts mehr anhätte! Und als ob du noch nie nen freien Oberkörper eines Mannes gesehen hast!", keife ich in normaler Lautstärke zurück und sehe sie an, während sich ein leichter Rotschimmer aus Scharm auf meine Wangen legt. „Ich weiß ja nicht ob es dir aufgefallen ist... aber falls nicht, schau mal an dir herab und finde den Fehler! Ich geh jetzt raus. Wenn du fertig und dann noch in der Lage bist, mir in die Augen zusehen ohne vor Scharm umzukippen oder kein Wort mehr rauszubringen, findest du mich im Flur." Mit diesen Sätzen verlässt sie, sich vorsichtig vortastend mit kleinen Schritten, bis sie an der Tür anlangt, das Zimmer und verschließt die Tür hinter sich. „Was hatte die denn.... Oh....“, fällt mir auf, was das Problem ist, weshalb meine Gesichtsfarbe wenige Sekunden später einer Tomate gleicht. Mit einer schnelle Bewegung ziehe ich das weiße Handtuch vom Boden zurück auf seine ursprüngliche Position und fische, noch immer mit glühenden Wangen eine blaue Boxershort, eine schwarze Jeanshose, ein weißes T-Shirt und einen dunkel blauen Hoodie aus meinem Kleiderschrank. Diese farblich aufeinander abgestimmten Klamotten ziehe ich mir über und verlasse dann, mit einem mulmige Gefühl im Bauch mein Schlafzimmer, welches früher mal mein Kinderzimmer war.

Im Flur treffe ich dann auch Nao... Mehrere Sekunden sehen wir uns einfach nur schweigend an, beide nicht wirklich wissend, wie wir mit der Situation gerade umgehen sollen, bis Nao auf einmal: „Also schlecht gebaut bist du ja nicht gerade.“ Von sich gibt. Kurz sehe ich sie etwas verwirrt und zweifelnd an, ehe mir ein Grinsen über dir Lippen huscht. „Ach findest du das also, ja?“, lache ich nun und bin erleichtert, also Nao miteinstimmt und dass diese unangenehme Stille nicht durchgehend zwischen uns herrscht. Sonst wäre der

Abend wohl recht seltsam geworden. „Hast du die Jungs eigentlich angeschrieben?“, fragt sie nun, weshalb ich schnell antworte: „Ich habe mir gedacht, dass ich ihnen einfach schreibe, dass sie in unsere Stammkneipe kommen sollen und wir schon vorher hingehen.“ „Gute Idee, dann ist die Überraschung auch größer.“, lacht Nao und nun schon zum wiederholten Male fällt mir auf, dass sie ja eigentlich ganz süß aussieht. Auch wenn ihr Charakter und ihr Äußeres nicht gerade Aufschluss über das jeweils andere geben. „Stimmt. Na gut, hast du alles? Dann können wir ja los.“, mit diesen Worten löse ich mich von ihrem Anblick und laufe die Stufen herunter. Von der Kommode im Flur neben der Haustür schnappe ich mir meinen Geldbeutel und den Haustürschlüssel und verabschiede mich mit den Worten: „Bis später Ma!“, von meiner Mutter, welche gerade im Laden sitzt.

Wenige Sekunden später haben Nao und ich das Gebäude verlassen und umrunden ihren Wagen, welcher bei uns in der Einfahrt steht. „Ist es eigentlich in Ordnung, dass der Wagen in der Einfahrt steht, nicht das ich irgendwem den Weg blockiere?!“ „Ne alles gut. Der stört niemanden. Seit wann machst du dir eigentlich Gedanken um sowas? In deiner Br hast du nicht gerade den Anschein danach gemacht, als würde es dich sonderlich interessieren, was andere von dir halten. ", meine ich nur verwirrt und sehe die Silberhaarige vor mir zweifelnd an. „Na ja, vielleicht ist es mir ja wichtig, was deine Mutter und du von mir denkt.", gibt sie nur von sich und dreht ihren Kopf so zu mir, dass ich ihr schiefes, offensichtlich sarkastisches Grinsen erkennen kann. `Und ich dachte kurz, die meint das echt ernst` „HaHa. Hast heute morgen wohl einen Clown gefrühstückt oder?" „Was auch immer ich gegessen und getrunken habe, im Gegensatz zu dir ging es mir heute Morgen bestens.", lacht sie und dreht sich wieder von mir weg, während sie ihre Arme hinter ihrem Nacken verschränkt, was mich innerlich aufstöhnen lässt. Muss die mich jetzt damit aufziehen?! „Ja, ja, wie auch immer. Wir müssen hier rechts.", gebe ich von mir und beobachte, wie sie sich auf meine Höhe zurückfallen lässt, nur um mir dann mit ihrer Hüfte gegen meine zu stoßen und „Ach komm, sei doch nicht so. Hab mal ein bisschen Spaß. Das Leben besteht aus mehr als Arbeit und Verzweiflung." zu sagen. Da ich darauf keine Antwort habe, richte ich meinen Blick gen Himmel und beobachte die weißen Wolken am Himmel, während meine Hände noch immer in den Taschen meiner Jeans ruhen.

Allwissender Erzähler pov.

So laufen Nao und Keishin, beide tief in ihre eigenen Gedanken versunken, in Richtung der Stammkneipe des Nachbarschaftsvereins. Während sich der ehemalige Zuspieler einen Kopf darum macht, warum seine Gedanken, seit ihrem Wiedersehen, immer wieder zu seiner ehemaligen Schulkameradin schwenken, fragt sich eben diese, wie sehr sich ihre damaligen Teamkameraden verändert haben und ob sie sie wohl wiedererkennen werden. Da beide jedoch keine Antworten auf ihre Fragen finden seufzen sie, zufälligerweise beide gleichzeitig, was sie zum Lachen bringt und die zuvor irgendwie seltsam wirkende Stille, die zwischen ihnen herrschte vergessen lässt.

Shizuka pov.

`Eigentlich ist es ja auch ganz schon sich mal wieder mit Menschen von früher zu treffen und auszutauschen…`, bemerke ich und muss dabei schmunzeln. Schließlich habe ich mir vor wenigen Minuten noch Gedanken darüber gemacht, wie es wohl sein wird, wenn mich die anderen nicht wiedererkennen. Oder gar nicht sehen wollen… warum auch immer das der Fall sein sollte. `Und vor allem ist es schön, seinen besten und ältesten Kindheitsfreund wiederzusehen... Ich meine wer hätte wissen können, dass wir, die, als wir uns damals kennengelernt haben und so dicke miteinander waren, mal eine Zeit lang nichts mehr groß miteinander zu tun haben werden, dann plötzlich für 1 ½ Jahre wieder recht viel. Und darauffolgend für 7 Jahre nichts mehr voneinander hören bis man sich plötzlich zufällig wiedertrifft und es sich anfühlt, als wäre man nie weit voneinander entfernt gewesen. Na ja, jedenfalls was mich angeht... Vielleicht ist das mit den andern ja auch so.` „Ach Keishin..." „Huh? Was denn?", fragt mich derjenige, an den meine letzten Gedankengänge gerichtet waren auf einmal. „Huh? Ist was?", gebe ich nur verwirrt von mir. Ich habe doch gar nichts gesagt... Hört der jetzt schon Stimmen? „Du hast irgendwie voll, keine Ahnung nostalgisch? Bedauernd? Was weiß ich, du hast auf jeden Fall geseufzt und dann meinen Namen gesagt. Also ist was?", fragt er und sieht mich reichlich verwirrt an. „Hab ich das laut gesagt?", frage ich mich und spreche es gleichzeitig unbemerkt aus. „Ja hast du. Geht's dir gut? Du wirkst etwas... neben der Spur würde ich sagen." „Ähm, ja klar. Alles gut... Ist normal bei mir.", meine ich nur und schüttle einmal mit dem Kopf um wieder zu klaren Gedanken zur finden. „Sicher, dass

Alkohol jetzt eine gute Idee ist?" „Aber absolut!", lache ich um ihn zu beruhigen und gehe weiter. „Na wenn du meinst…", höre ich ihn hinter mir murmeln, was mir wieder ein Schmunzeln auf die Lippen treibt. Er kann ja auch irgendwie ganz süß sein… Wenn er nicht gerade unbekleidet vor einem steht… „Wir sind da!", erklingt Keishin Stimme hinter mir, was mich anhalten lässt. Gut Kopfkino aus. Los geht's. „Ah! Ukai. Schön sie wieder hier zu sehen. Wie geht's denn so? Wo haben sie denn die anderen gelassen? Oh, heute mal mit weiblicher Begleitung? Das tut ihnen sicher auch mal gut. Ein Tisch für zwei?", erklingt sogleich eine rauchige Stimme vom Tresen, nachdem das Klingeln der Glocke, welcher über der Tür hängt und geläutet wurde, als wir eingetreten sind und so unsere Ankunft unterschrieben hat, verklingt ist. Wenn ich meinen Stammgästen so viele Fragen stellen würde, würden die direkt umdrehen und gehen. Na gut Toniou vielleicht nicht, aber der Rest schon. „Hey. Ne, wir nehmen den gleichen Tisch wie immer. Die Jungs müssten gleich auch kommen.", gibt Keishin nur zurück während ich mich umsehe.

Kapitel 4

Die ganze Bar wirkt eher alt. Besonders durch den alten, massiven Holztresen und all die Staubfänger die in den Ecken rumstehen. Auch die dicken Glasscheiben und die verrauchte Atmosphäre in der Bar unterstützen dieses Feeling. Die Tische stehen auf kleinen Erhöhungen an den Wänden und sind lediglich mit einer einfachen Getränkekarte und einem irgendwie lieblos platzierten, verloren wirkenden Teelicht ohne Halterung, bzw. Glas dekoriert.

Da fällt mir mal wieder auf, wie froh ich sein kann, dass meine Großeltern mir nicht so einen siffigen Schuppen vererbt haben. Na gut, es ist vielleicht nicht gerade dreckig hier, eigentlich sogar im Gegenteil, aber es wirkt einfach nicht sonderlich schön. Geschweige denn gemütlich. Der Boden besteht aus dunklen Holzplanken und die ebenfalls mit Holz verkleideten Wände verleihen dem Gemäuer eine gedrückt wirkende Atmosphäre. Da können auch die gelb schimmernden Lampen an der Decke und die Bilder an den Wänden, welche traditionell japanisch aussehen, nichts mehr retten. Ich meine, ich bin sowieso Nicht-Raucher und bekomme immer schon einen halben Anfall, wenn ich in das Pokerzimmer in meiner Bar muss. Wie hält der Typ es dann den ganzen Tag hier aus? Aber das muss ich Keishin ja hoch anrechnen. Obwohl er offensichtlich Raucher ist, riecht er nicht nach Rauch. Dann hätte ich ihn aber auch nicht mitgenommen, sondern ihn am Straßenrand stehengelassen. Mal erlich, ich finde es gibt nichts abstoßenderes als Zigarettengeruch. `Keishin riecht irgendwie... ja wonach eigentlich? Irgendwie nach Sandelholz und Anis... generell irgendwie würzig... Maskulin-würzig. Gott klingt das seltsam. Warum mache ich mir hier überhaupt einen Kopf darum wie der Kerl riecht? Das kann mir ja mal eigentlich sowas von vollkommen egal sein.`

Also verbanne ich auch diese Gedanken aus meinem Kopf und lasse mich neben Ukai, welcher bereits sitzt, auf die Bank fallen. „So, ich schreibe den Jungs mal eben, dass wir hier sind. Oder ich schreibe, dass ich hier bin und eine Überraschung für sie habe. Damit lassen die sich bestimmt herlocken.“ „Du kannst auch einfach schreiben, dass du ne Runde ausgibst, wenn sie es schaffen in zehn Minuten hier zu sein. Damit sollten die sich doch auch locken lassen oder? Also ich meine, wenn ihr euch schon in einem solchen Laden hier trefft. ", gebe ich nur von mir, stelle meinen Ellenbogen auf die Tischkante und stütze meinen Kopf auf meiner Hand ab, während mein Blick auf dem Blonden neben mir ruht. „Nachher bestehen die noch darauf. Die können sich ihr Saufzeug mal schön selbst kaufen.“ „Geizhals.“ „Hey! Ich bin halt auch nicht gerade der reichste Kerl in Miyagi. Tut mir ja leid.“ „Ich mache nur spaß Keishin. Schön, dass du immer noch keinen Sarkasmus verstehst. Du musst nicht reich sein, ich mag dich auch so.“ „Achso, du magst mich also ja?“ „Ach halt doch die Klappe. Klar, dass du das dann wieder hörst und alles andere vergi sst.“, schmolle ich und wende meinen Blick von ihm ab. „Ich habe den Jungs jetzt einfach geschrieben, dass sie dringend herkommen müssen.“, erläutert Ukai und holt den Barkeeper mit einem Handwink, um zu zeigen, dass wir bestellen wollen, zu uns an den Tisch.

Da dieser außer uns, keine anderen Gäste zu bedienen hat, jedenfalls nicht soweit ich erkennen kann, steht er auch schon wenige Sekunden später vor unserem Tisch und fragt uns, was wir denn gerne hätten. Da es hier, im Gegensatz zu meinem Izakaya-Lokal oder wie auch immer man meine Bar nennen will, fast ausschließlich alkoholische Getränke und nix zu Essen gibt, bestelle ich einen chúhai, also einen Cocktail mit Grapefruit, shóchú, Soda und Eis. Keishin hingegen bestellt sich Sake und nur wenige Sekunden später ist der ältere Mann wieder verschwunden. „Die Jungs kommen auch gleich. Jedenfalls Yúsuke Takinoue und Makoto Shimada. Die anderen haben wohl angeblich keine Zeit.“ „Oder sie sind einfach faul oder denken, du veräppelst sie, indem du sie herlockst, selbst aber nicht da bist oder so!“, lache ich ihn aus. „Ja, ja, lach du nur. Vielleicht habe ich ja auch geschrieben, dass du wieder da bist und sie haben keinen Bock auf dich.“, kontert er, weshalb ich ihn empört ansehe. „Ach, aber auf einmal weiß der gute Herr, wie Sarkasmus funktioniert ja?“

Trocken gibt Ukai nur: „Wer sagt denn was von Sarkasmus?“ von sich, weshalb mir der Unterkiefer nach unten klappt und ich ihn mit geöffnetem Mund, mehr als nur ein bisschen empört, anfunkle. Jedenfalls bis ich diesen Schimmer in seinen hübschen brauen Augen wahrnehme, der mir verrät, dass er doch nur scherzt.

„Also wirklich, werd mal nicht gleich so frech hier! Ich war schon kurz davor dich hier alleine sitzen zu lassen. So und hierhin gehst du also häufiger ja?“, frage ich und sehe mich demonstrativ um. „Das hättest du doch niemals übers Herz gebracht und na ja...“ „Fordere es nicht noch heraus mein Lieber!“, drohe ich und unterbreche ihn somit, was er jedoch völlig ignoriert und weiter redet: „Also häufig würde ich jetzt vielleicht nicht gerade sagen...“ „Der ist mindestens vier mal die Woche hier!“, ruft dann plötzlich der Mann, welcher vor wenigen Augenblicken noch unsere Bestellungen entgegengenommen hat.

`Wie kann der jetzt schon fertig sein? Der muss doch das Zeug irgendwo her geholt und meinen Cocktail gemischt haben? Das macht man nicht innerhalb von ein paar Sekunden... Oder ist das so ein widerliches fertiggemischtes Mistding? Andererseits haben wir doch niemals so lange gebraucht um die paar Sätze zu wechseln?`, frage ich mich selbst skeptisch und betrachte das Getränk, welches vor mir auf dem Tisch steht mit argwöhnischem Blick. „Was hast du denn schon wieder? Du siehst aus, als würdest du da Gift drin vermuten.“, fragt Ukai mich verwirrt, während er sich den ersten Schluck von seinem Getränk genehmigt. „Mache ich gar nicht. Außerdem stößt man für gewöhnlich vorher an.“, stelle ich mich dagegen und setzte das kühle Glas an meine Lippen. Bevor ich allerdings etwas trinke, lasse ich meine Augen zu Keishin wandern, ohne meinen Kopf oder das Glas zu bewegen, da ich seinen Blick auf mir ruhen spüre. Mit einer kleinen Bewegung gebe ich ihm zu verstehen, dass er mich anstarrt und werfe ihm meinen besten, sofern das aus dieser Position heraus geht, Hast-Du-Ein-Problem-Oder-Suchst-Du-Streit-Blick zu, was dafür sorgt, das er zurück zuckt und sich wieder seinem Getränk widmet. Stolz ihn in gewisser Hinsicht besiegt zu haben, genieße auch ich, noch immer leicht schmunzelnd die ersten Schlucke meines Getränkes, welches zugegebener Maßen wirklich gut schmeckt.

„Hey Ukai! Huh? Wer bist du denn?“, ertönt, kurz nachdem ich mein Getränk abgesetzt habe, eine junge, männliche Stimme neben mir. `Hat die Ladenglocke gar nicht gebimmelt oder war ich so beschäftigt damit, mich in meinem Erfolg zu suhlen, dass ich sie einfach nicht gehört habe?`, frage ich , an mir selbst zweifelnd, ehe ich zu dem Mann, nein den beiden Männern vor unserem Tisch schaue. „Ich wusste ja gar nicht, dass du mittlerweile eine Freundin hast Ukai! Und so eine heiße noch dazu! Nicht schlecht! Mussten wir deswegen so schnell herkommen? Oder wolltest du sie mir vorstellen? Wie nett von dir!" `Ich glaub ich verschlucke mich an meiner eigenen Spucke! Bitte was will der denn?` ,,Also mal ganz davon abgesehen, dass ich hier bin und offensichtlich weder taub noch blind, weshalb ich durchaus merke, dass du mir in den Ausschnitt geierst und ich euch durchaus hören und deutlich verstehen kann, was ist bitte in den letzten sieben Jahren falsch gelaufen, dass du so ein Verhalten an den Tag legst Takinoue? Außerdem bin ich weder mit Ukai zusammen, noch an dir interessiert! Das war ich damals schon nicht und ich wüsste auch keinen Grund, warum sich das in den letzten Jahren geändert haben sollte. Auch wenn du mittlerweile von den Harren her gewisse Ähnlichkeiten zu unserem Schultrainer hier aufweißt, würde ich ich ihn in jedem Fall dir vorz... na ja, ist ja auch schnurtz.", gebe ich schnaubend von mir und funkle den 26-Jährigen böse an. Wollte ich das gerade wirklich sagen? ,,Huh? Wir kennen uns?" ,,Natürlich kennt ihr euch. Hallo Shizuka, schön dich nach all den Jahren wiederzusehen. Hast dich ja etwas verändert, aber sag mal, was machst du hier? Du und Ukai hattet doch auch keinen Kontakt in den letzten Jahren oder irre ich mich?", richtet sich nun der schwarzhaarige Brillenträger Makoto Shimada an mich, welchen auch ich freundlich begrüße. „Mo-mo-moment Mal! Shizuka? Nao Shizuka? Unsere ehemalige Managerin?! Du siehst ja total anders aus! Hast dich ja echt krass verändert.“, staunt nun auch Yúsuke Takinoue weshalb ich nur verzweifelt den Kopf schüttle. „Bitte nicht! Das habe ich schon mit Keishin durchgemacht. Ja ich habe mich verändert! Ich habe keine Brille mehr, neue Haare und Tattoos. Gut, haben alle genug gestaunt ja? Schön, reicht dann auch wieder. Ich bin kein Zirkustier, was man anstarren kann. Dafür bin ich echt nicht her gekommen. Bestellt euch lieber was zu trinken. Dann wird der Abend vielleicht doch noch erträglich.“, mit diesen Worten lasse ich meinen Kopf, bzw. meine Stirn auf die Tischplatte sinken. „Sind wir so schlimme Gesellschaft?“, fragt mich unser damaliger Spieler mit der Nummer 9, also der ohne Brille und lässt sich gegenüber von mir fallen. „Das glaube ich kaum, aber ich kann mir vorstellen, das Shizuka weder Lust dazu hat noch deswegen hier ist, also um uns ihre Lebensgeschichte zu ezählen.“, erläutert Shimada, bestellt sich ein Bier und schiebt seine Brille auf seine Nase zurück.

Kapitel 5

Ganz genau. Dankeschön. Genauso verständnisvoll wie damals, sehr vorbildlich.“, gebe ich von mir und leere mein Glas in einem Zug. Zu meiner Verteidigung, das waren vielleicht 0,3 l wenn es hoch kommt und überwiegend Eis. „Na gut aber... Wow. Ich meine... ich habe dich echt nicht erkannt. Du siehst echt... Ja gut aus...“, stottert sich unser ehemalige Mittelblocker zusammen und kratzt sich verlegen am Kopf, bevor auch er sich ein Bier bestellt und sich neben seinen Schwarzhaarigen Kumpel auf einen Stuhl sinken lässt. „Danke. Ihr saht damals auch schlimmer aus, als jetzt.“

„Wow.“, einige Augenblicke herrscht ungläubiges Schweigen zwischen uns, ehe wir alle vier in schallendes Gelächter ausbrechen. ´Zugegeben, irgendwie habe ich sie ja doch schon vermisst`.

Allwissender Erzähler pov.

Mehrere Stunden bis in den späten Abend sitzen die vier Freunde zusammen. Glücklich und ausgelassen unterhalten sie sich darüber, was sich in den letzten Jahren so ereignet hat und was es neues in ihren Leben gibt. Dabei bestellen sie ein Getränk nach dem nächsten und lassen den Abend genüsslich ausklingen, ehe sie den Barkeeper zu sich winken, um ihre Rechnungen zu bezahlen. „Ihr habt ja wieder ordentlich was weggekippt Jungs. Und die junge Dame natürlich, nicht zu vergessen. Nun, wie auch immer, zusammen oder getrennt?“, ertönt die rauchige Stimme des älteren Mannes, welche jedoch nur gedämpft an die Ohren der 26-Jährigen dringt. „Getren-“ „Ich zahle für mich und Shizuka. Die zwei jeweils für sich.“ „Ehyy!“, beschwert sich Takinoue sogleich, bei Ukai. „Warum zahlst du nicht direkt für uns mit?!“ „Weil ich es jawohl nicht auf mir sitzen lassen kann, von unserer ehemaligen Managerin als Geizhals bezeichnet zu werden.“

Schnaubend verschränkt Takinoue seine Arme vor der Brust und beginnt zu schmollen. `Wenn der betrunken ist, benimmt er sich echt kindisch`, bemerkt sein Kumpel mit den schwarzen Haaren und schiebt sich entnervt die

Brille ein Stück höher. `Shizuka hingegen scheint eher der ruhigere Typ zu sein, der irgendwann einfach zur Seite kippt und einpennt. Also das komplette Gegenteil von Ukai. Er wird einfach nur laut. Schön, dass sie sich trotzdem verstehen.`

Nachdem alle ihre Rechnung mehr oder weniger wiederwillig bezahlt haben, wobei die Frau in der Runde, vermutlich nicht einmal richtig mitbekommen hat, dass einer ihrer Begleiter ihre Rechnung übernommen hat, verabschieden sich die beiden schon gut angetrunkenen ehemaligen Spieler und verlassen die Bar. Dabei beobachtet die auch schon etwas mehr als gut angetrunkene Shizuka leicht lachend, wie Takinoue seinen Arm um Shimada wirft und sich selbst so vom umfallen bewahrt. Der schwarzhaarige Brillenträger, welcher seine Grenzen sehr gut einzuschätzen weiß und wohl noch am nüchternsten von der ganzen Truppe ist, schüttelt nur leicht den Kopf, hebt seine Hand zur Verabschiedung ohne Ukai und Shizuka noch mal anzusehen und umfasst dann den Rücken seines Freundes, um ihn stützend nach Hause zu begleiten. Nao, welche sich zunehmend schwerer damit tut, Zusammenhänge richtig zu verstehen und Situationen zu erschließen, spürt wie ihr die Müdigkeit langsam aber sicher durch die Knochen fließt und anstatt sich dagegen zu wehren, lässt sie es zu, immer müder zu werden, bis ihr Kopf mit geschlossenen Augen auf Ukais Schulter landet und sie friedlich wegdämmert. Ukai, welcher mit der Entwicklung der Lage deutlich überfordert ist, hält erstmal völlig den Atem an, da er Sorgen hat, dass sie dadurch aufwachen könnte. Nach wenigen Sekunden, atmet er langsam weiter und überlegt, sofern er das in seinem alkoholisierten Zustand noch kann, was er denn nun machen soll.

Ukai pov.

Mist und was soll ich jetzt machen? Ich kann sie ja schlecht hier lassen und hier sitzen bleiben, bis morgen, kann ich auch nicht... „Na schön, dann halt so.“, murmle ich leise zu mir, hebe Naos Kopf vorsichtig von meiner Schulter, woraufhin dieser nach vorne sackt und ihr Kinn auf Höhe ihres Schlüsselbeines liegenbleibt. Langsam richte ich mich auf und laufe um den Tisch herum, da sie ja am Gang sitzt, während mein Blick durchgehend auf Nao haften bleibt. Neben ihr angelangt, komme ich zum stehen, gehe leicht in die Hocke und umfasse die Knie und den oberen Rücken meiner ehemaligen Klassenkameradin. Vorsichtig hebe ich sie in meine Arme und stelle erstaunt fest, dass mein Training und das regelmäßige Volleyball spielen meinen Muskeln wohl ganz gut getan hat... oder Nao ist einfach leichter als sie aussieht... `Vielleicht sollte ich aufhören, sie wie ein Irrer anzustarren und lieber mal Richtung nach Hause wandern.`, denke ich mir, richte mich vollständig auf und rücke die 26-Jährige mit einer leichten Armbewegung etwas zurecht. Mit einem leichten Nicken zum Kneipenbesitzer verabschiede ich mich und öffne etwas umständlich die Tür. Draußen angekommen, stößt mir sogleich die frische, aber doch inzwischen recht kalte Nachtluft entgegen. Auch Nao scheint dies wahrzunehmen, da sie sich wohl eher unbewusst, näher an mich kuschelt... Wenn sie wüsste, was sie gerade tut würde sie vermutlich rot anlaufen oder mir drohen, dass wenn ich das irgendwem erzähle, sie keine Ahnung was tun würde. Aber eigentlich ist sie ja schon ganz niedlich... egal ob betrunken oder nüchtern.

Zeitsprung ca. 30 Minuten später, weil Kenma sich mit seiner Konsole unter Kuroos Bett versteckt, da dieser, Inuoka und Lev versuchen, ihn zum Ausdauertraining mitzuschleifen, er das aber nicht will.

Ukai pov.

Und wie bekomme ich jetzt die Tür auf?`, frage ich mich selbst und sehe etwas zweifelnd auf die verschlossene Haustür vor mir. Zeitweise wandert mein Blick zu Nao, welche friedlich schlummernd in meinen Armen liegt. 'Ich kann sie ja schlecht einfach auf den kalten Boden setzen, aber an die Schlüssel komme ich so auch nicht... Na gut, dann geht es halt nicht anders... Ich hoffe nur, dass sie davon nicht aufwacht... Also setzte ich die Schlafende so sanft und vorsichtig es mir möglich ist, vor der Tür auf die Treppenstufe und fische den Schlüssel aus meiner Hosentasche. Die, sich leicht drehende Umgebung um mich herum weitestgehend ignorierend, versuche ich den richtigen Schlüssel ins Schlüsselloch zu stecken, was sich als schwieriger herausstellt, als es vielleicht scheint...

Auch wenn sich nur zwei Schlüssel und ein Volleyballangänger an dem Bund befinden. Um meine Konzentration zurückzugewinnen schüttele ich den Kopf und schaffe es letztendendes dann doch noch, den richtigen Schlüssel ins Schloss zu stecken, diesen herum zu drehen und die Tür zu öffnen. Erleichtert hebe ich die, noch immer schlafende Nao wieder hoch und gehe mit ihr ins Haus. Dort lehne ich mich erstmal erleichtert an die nun wieder geschlossene Tür und atme kurz tief durch. Entschlossen ziehe ich mir selbst etwas umständlich mit dem jeweils anderen Fuß die Schuhe aus und laufe mit der weiß-silberhaarigen Schöhnheit im Arm die Treppe nach oben. Dort begebe ich mich sogleich in mein Schlafzimmer und lege die 26-Jährige auf meinem Bett ab. Diese dreht sich von mir weg, sodass sie mit dem Gesicht in Richtung Wand liegt und kuschelt sich in mein Kissen. Mit einer Hand am Kopf, um die aufkommende Übelkeit zu unterdrücken, bleibe ich vor dem Bett stehen.

`So viel habe ich doch gar nicht getrunken... was ist denn bitte los?` Seufzend drehe ich mich von Nao weg, um mir selbst den Futon aus dem Schrank zu holen, den ich nur besitze, weil meine Mutter der Ansicht war, dass ich ihn mal brauchen könnte... Aber ist ja auch egal. Ich hab gar keinen Bock, das Ding da jetzt rauszukramen und zu beziehen und eigentlich ist das Bett ja groß genug... Schulterzuckend und ohne einen weiteren Gedanken daran zu verschwenden schnappe ich mir eine Decke aus dem Schrank und verschließe diesen dann wieder. Gähnend begebe ich mich zu dem Bett und streife mir die Jeans von den Beinen welche ich dann achtlos auf dem Boden liegen lasse. Auch mein Hoodie und das T-shirt gesellen sich dazu.

Einen weiteren Gähner unterdrückend, setzte ich mich auf die Bettkante und blicke Nao an. Sie ist echt süß, wenn sie schläft. Dann traut man ihr dieses Temperament gar nicht zu, was sie sonst an den Tag legt. ´Sollte ich ihr die Klamotten ausziehen?... Ne lieber nicht, nachher denkt sie noch was weiß ich von mir... Aber gut, wenigstens die Schuhe.`, also schnappe ich mir ihre Füße, die noch vom Bett herunterhängen und ziehe ihr die Schuhe aus, welche dann am Bettende platzfinden. Einmal strecke ich noch meinen Oberkörper und lasse mich dann, nur in Boxershorts gekleidet, neben Nao in die Matraze sinken, nachdem ich ihre Beine aufs Bett gepackt und sie richtig zugedeckt habe. Während ich so auf dem Kopfkissen liege und die schlummernde Nao beobachte, spüre ich, wie sich auch in mir die Müdigkeit breitmacht und langsam aber sicher dämmere ich in einen tiefen Schlaf, während meine Hand auf ihrer Wange ruht, von welche ich ihr vor wenigen Sekunden noch ohne es richtig wahrzunehmen, eine Strähne hinters Ohr gestrichen habe.

Kapitel 6

Durch in mein Gesicht scheinendes Licht, werde ich am nächsten Morgen geweckt, weshalb ich mir grummelnd die Decke übers Gesicht ziehe und mein Gesicht weiter in das Kissen drücke. Als mir ein würziger Gesuch in die Nase steigt, richte ich mich verschlafen auf und blicke mich verwirrt um. `Wo bin ich denn bitte?´, frage ich mich verwirrt und bin direkt hellwach als ich Ukai neben mir liegen sehe. Was ist denn bitte los hier? Mit einem Mal spüre ich, wie mein Puls in die Höhe schießt und mein Herz das Blut schneller durch meinen Körper pumpt. `Warum hat der kein Oberteil an?!`Als ich mir mit einer Hand an den Kopf fasse, um den vergangenen Abend Revue passieren zu lassen, legt sich plötzlich ein Arm um meinen Bauch, der mich nicht nur den Atem anhalten lässt, sondern mich des Weiteren auch wieder auf die Matratze herunter an Keishin zieht. Irgendwas grummelnd drückt dieser seinen Kopf über meinen ins Kissen und mich so näher an sich. Durch diese Umplatzierung muss ich meinen Arm gezwungenermaßen ebenfall woanders hinlegen, sodass meine Hand neben Keishins Kopf ruht. `Ob seine Haare wohl weich sind? Manchmal sehen sie echt Strubbelig aus, aber irgendwie auch so fluffig... Irgendwie ist er ja auch ganz süß...`, schließt es mir durch den Kopf, weshalb ich dem Drag einfach nachgehe und mit einem leichten Schmunzeln über seine Haare streiche, welche durch seine Bewegungen im Schlaf unordentlich um ihn verteilt sind. Als Ukai ein zufriedenes Murmeln von sich gibt, begreife ich die Situation und entferne meine Hand von seinem Kopf, was ihn unzufrieden murren lässt. Mit einem Blick auf die Uhr, welche auf seinem Nachtisch steht, stelle ich fest, dass es bereits kurz nach 10 ist, weshalb ich mich dazu entschließe den jungen Mann neben mir zu wecken. „Pssst?! Ukai? Heeey... Hey, wach auf...“, versuche ich es, scheitere jedoch, was ich daran merke, dass Ukai sich schnarchend tiefer ins Kissen drückt.

„UKAI, WACH AUF!“, meine ich deswegen etwas lauter, woraufhin er hochschreckt, seinen Kopf in meine Richtung wendet und dann erneut einen Schock erleidet. Durch seine rückartige rückwärts Bewegung, droht er vom Bett zu fallen und klammert sich in seiner letzten Hoffnung an die Decke, die auf diesem liegt, welche ihn verständlicherweise nicht hält und dafür sorgt, dass er nun mit den Beinen in der Luft auf dem Boden liegt und verdattert an die Decke schaut. Laut lachend beobachte ich ihn dabei vom Bett aus und bekomme mich kaum och ein. „HAHAHA! Dann bin ich also doch nicht, die einzige die hier schreckhaft ist! Du solltest mal dein beklopptes Gesicht sehen, einfach zum Schießen!“, noch immer lachend, wickele ich die andere, noch halb auf dem Bett liegende Decke um meine Schultern und versuche mich halbwegs zu beruhigen. Was ich jedoch nicht bedacht habe ist, dass Keishin auf die grandiose Idee kommen könnte, diese Situation für seine Zwecke zu nutzen.

Somit merke ich auch erst im letzten Moment, leider zu spät, das Keishin sich die Zipfel meiner Decke schnappt und mich mit dieser zu ihm runter zieht. Da ich nicht mit dieser Entwicklung gerechnet habe, lasse ich einen kurzen, spitzen Schrei von mir und lande schlussendlich nach wenigen Sekunden, mit dem Gesicht auf Keishins freiem Oberkörper. Erstarrt bleibe ich mit geschlossenen Augen, meine Decke auf meinem Rücken spürend, liegen. Die Hände habe ich aus Reflex, während des Sturzes Richtung Boden gerichtet und das Erstbeste umgriffen, was ich zu fassen bekam, was in meinem Fall Keishins angespannten, muskulösen Oberarme waren...

`Also gut gebaut ist er ja, dagegen kann man nichts sagen`, begründet durch diesen Gedankengang verfärben sich meine Wangen in einen dunkleren Rotton. Als ich ein dumpfes, klopfendes Geräusch von Ukai wahrnehme, richte ich meinen Blick leicht auf, sodass lediglich mein Kinn auf seiner nackten Brust verweilt. „Was machst du nur mit mir?“, ertönt seine rauchige tiefe Morgenstimme, welche mir eine angenehme Gänsehaut verpasst und den Moment für mich in ein anders Licht taucht. Kurz die Szene um mich herum vergessend, konzentriere ich mich rein auf ihn und wie er mit seinen braunfunkelnden Augen an die Decke sieht. So auf ihn, sein tun und seine Worte fokussiert, nehme ich nicht mal im Ansatz war, dass seine Hände auf meinem unteren Rücken liegen und mich so davon abhalten, zur Seite von ihm herunter zu kippen und mein linkes Bein zwischen den seinen platziert ist. Den Kopf schüttelnd frage ich murmelnd:

„In wie weit bringe ich dich denn durcheinander? Du bist doch der, der mich auf einmal vom Bett zieht und hier halb nackt unter mir liegt..." Als sich unsere Blicke treffen, schweigen wir uns einige Augenblicke an, ehe wir beide zu lachen beginnen.

„Wie spät haben wir es eigentlich?", höre ich ihn fragen, weshalb ich beschließe mich endlich aufzurichten. „So viertel nach 10 oder so, schätze ich... auch klasse wie wir es schaffen, obwohl wir uns erst vor ein paar Tagen wiedergetroffen haben schon zum wiederholten Male in einer solchen Situation zu landen.", erläutere ich, reiche ihm meine Hand und bin erleichtert, als ich nun endlich feststelle, da ich zuvor irgendwie nicht darauf geachtet habe, dass ich meine Kleidung noch an habe. „Ach na dann... öhm, ja also... hast du Hunger oder so?", fragt er an mich gerichtet, noch immer auf dem Boden sitzend, mit der Decke über seinen Schoß. „Ähm ne nicht wirklich. Aber nen Kaffee wäre klasse. Und kann ich bei dir Duschen gehen?" „Klar. Ich setzte einen auf. Knnst ja dann runter kommen. Wo das Bad ist weißt du?" „Jep, das sollte ich finden. Ich geh noch schnell runter zum Auto und hole meine Tasche. Die habe ich gestern irgendwie vergessen.", mit diesen Worten wende ich mich von ihm ab und verlasse das Haus, nachdem ich mir zuvor meine Schlüssel vom Sideboard vor der Haustür geschnappt habe.

Als ich jedoch nach mehreren Minuten Suche, meine Tasche noch immer nicht in den Händen halte, obwohl ich das gesamte Auto bereits zwei mal komplett durchgewühlt habe, kommt mir langsam in den Kopf, dass ich sie scheinbar zuhause liegengelassen habe. „Verdammter Mist!“, murre ich angepisst und schlage die Autotür zu. „Alles gut?“, erklingt Keishin Stimme hinter mir, weshalb ich mich wieder zu ihm drehe. „Habe meine Tasche anscheinend zuhause vergessen.“ „Macht doch nichts, ich geb dir was von mir. Bediene dich einfach oben am Schrank. Ich bin im Laden. Meine Schicht fängt gleich anfängt. Kaffee steht in der Küche.“, damit tritt er wieder ins Haus, in welches ich ebenfalls flitze. \`Soll ich mich jetzt wirklich einfach an seinem Schrank bedienen? Na ja, er hat es ja vorgeschlagen also warum nicht...\` Somit tapse ich in sein Zimmer und öffne seinen Schrank, aus welchem mir sogleich einige Kleidungsstücke entgegenfallen... Also sein Motto beim Aufräumen ist scheinbar auch, einfach alles in die Schränke und Türen zu... Na dann... Kurzerhand nehme ich seine gesamten Klamotten und packe diese aufs Bett, wo ich sie Kleidungstyps spezifisch falte und zusammen auf einen Stapel räume. Diese schiebe ich dann geordnet zurück in den Schrank und lasse lediglich eine Jogginghose, einen Hoodie, ein schwarzes, im vergleich zu den anderen, relativ klein aussehendes T-Shirt und ein grünes Hemd draußen. Theoretisch hätte ich zwar einfach die Sachen wieder anziehen können, aber der Fakt, dass ich auch in diesen stundenlang Auto gefahren, in dieser Kneippe gewesen bin und in ihnen geschlafen habe, schreckt mich dann doch etwas davon ab. Mit den ausgewählten Kleidungsstücken begebe ich mich ins Bad und steige unter die angenehm warme Dusche. Ein wenig seltsam ist es zwar schon, aber ich fühle mich nicht unwohl. Selbst in Situationen wie beispielsweise heute morgen. Wäre das mit irgendwem anders gewesen, wäre ich womöglich ausgerastet, aber bei Keishin werde ich irgendwie so ruhig und entspannt. „Kann es sein, dass da vielleicht mehr zwischen uns ist...“, frage ich mich selbst, lasse die Frage aber unbeantwortet im Raum stehen, während ich mich selbst im Spiegel betrachte. `Das würde natürlich seinen Spruch von heute Morgen erklären... Aber nachdem wir uns solange nicht gesehen haben? Ist das überhaupt möglich? Klar das würde einiges, wenn nicht sogar alles erklären, aber andererseits, rede ich mir das vielleicht auch nur ein?! Ich sollte aufhören mir darum einen Kopf zu machen und mich endlich anziehen. Einfach schauen, was noch so kommt.´

Also laufe ich, nachdem ich mich umgezogen und soweit fertig gemacht habe, wieder aus dem Bad, den Flur entlang und die Treppen herunter. In der Küche, welche sich dort neben dem Treppenaufgang befindet, also ähnlich wie bei mir zuhause, sehe ich eine leere Tasse auf der Küchenzeile neben einer vollen Kaffeekanne stehen. Die weiße Tasse, nun mit dem braunen, heißen Getränk gefüllt in meinen Händen haltend, schiebe ich den blauen Vorhang, hinter dem ich Keishins Laden vermute zur Seite und trete ein. Im Laden befinde ich mich nun direkt hinter dem Tresen, auf welchem die Kasse, ein großes, größtenteils durchsichtiges Gerät zum frischhalten von Lebensmitteln und auf ein paar Zeitschriften ein Aschenbecher steht. Keishin sitzt auf einem hölzernen Stuhl hinter der Kasse und liest irgendeins der bunten Magazine, auf welches er scheinbar so konzentriert ist, dass er mich gar nicht wahrnimmt. Um ihn nicht weiter zu stören, verlasse ich den Kassenbereich und laufe durch die einzelnen Regalreihen. Man sollte es zwar nicht meinen, aber hier, in

Keishins kleinen Laden gibt es Dinge, die ich in Tokio noch nie gesehen habe.

Kapitel 7

Zeitsprung ca. 12.30 Uhr, weil Osamu und Atsumu Miya sich kloppen und dabei durch die Turnhalle rollen, während Suna Bilder von ihnen macht.Allwiss ender Erzähler pov.„Hey Keishin, ich muss so langsam mal los. Ich muss schließlich noch Saeko und ihre Band abholen und dann zurück nach Tokio.“, spricht Nao zu dem jungen Mann, welcher rauchend neben ihr hinter dem Verkaufstresen sitzt und eine Zeitschrift über Sport News in den Händen hält. „Hmm? Schon? Schade... aber nun gut. Ähm, vielleicht magst du mir ja deine Nummer geben, dann können wir weiter in Kontakt bleiben... Also wegen den Spielen von den Jungs und so, wenn du mal kommen und zusehen magst, du weißt?“, druckst dieser herum, legt die Zeitschrift vor sich nieder und lächelt seine ehemalige Team- und Schulkameradin an.

„Klar! Freut mich. Warte, ich schreibe sie dir schnell auf. So hier. Schreib mich einfach an, wenn du Zeit hast und danke nochmal, dass ich hier pennen durfte und auch für die Klamotten. Ach ja, und grüß deine Mutter ganz lieb von mir. Genauso wie auch Takeda und die anderen.", damit richtet sich die Weißhaarige, gekleidet in die Klamotten des 26-Jährigen, also eine bequeme Jogginghose in anthrazit, ein an der Seite zu geknotetes und so nun bauchfreies T-Shirt, ein offenes grünkariertes Hemd und den ebenfalls dunkel grauen Hoodie, den sie sich um die Hüfte geknotet hat, auf. „Logisch mache ich. Freut mich, dass du mal wieder hier warst und wir uns mal endlich wiedergesehen haben. Und ähm ja, die Sachen stehen dir... wahrscheinlich sogar besser als mir, also alles gut." Mit einer letzten Umarmung verabschieden sich die beiden Freunde, und auch wenn es sich für die beide, trotz des größtenteils eher unbeabsichtigten nähren Körperkontakt zwischen ihnen in den letzten Tagen eigentlich kein ungewohntes Gefühl sein sollte, so fühlen sie doch beide, dass sich etwas zwischen ihnen verändert hat. Doch ist es keineswegs ein unschönes Gefühl, was die Berührung in ihnen auslöst, auch wenn das verständlich wäre, da sie beide eigentlich nicht soviel auf körperliche Nähe und Zuwendung stehen, erst recht keine Umarmungen. Jedenfalls lösen sie sich nach wenigen Sekunden wieder von einander, beide mit den unausgesprochenen Gedanken, dass sie ruhig noch etwas länger hatte sein können.

Nao winkt ein letztes Mal, als sie in ihrem Wagen sitzt durchs Fenster und fährt mit ihrem rotlackierten Kleinbus aus der Einfahrt. Keishin, welcher ihr noch nachblickt, obwohl das Gefährt schon nach wenigen Augenblicken aus seinem Blickfeld verschwunden ist, seufzt einmal tief und wendet sich dann wieder seiner Arbeit zu. So entfernen sich beide wieder voneinander, obwohl ihre Gedanken und Gefühle ähnlicher wohl kaum hätten sein können und obwohl es sie beide zurück zu dem jeweils anderen zieht. Nao pov.Hmmm, Keishin jetzt so hinter mir zu lassen, ist schon komisch... Eigentlich unsinnig, sich darum Gedanken zu machen aber nun ja. Nachdem wir die letzten Tage wieder so viel miteinander gemacht haben ist es ein wirklich seltsames Gefühl, jetzt wieder einige Zeit keinerlei Kontakt zueinander zu haben. Na ja, jedenfalls wenn, dann nur übers Telefon...

Kopfschüttelnd verbanne ich diese Gedanken aus meinem Kopf und konzentriere mich auf den Straßenverkehr welcher im Gegensatz zu jenem in Tokio eher ruhig ist. Ein entspanntes Fahren, wenn man so will, wobei man sich keine Gedanken machen muss, dass mit einmal mal, irgendwer über die Straße rennt, obwohl 20 Meter entfernt ein Zebrastreifen ist. Nach einigen Minuten Fahrt, kommt mein Wagen an der Adresse von Saeko Tanaka zum stehen. Also verlasse ich meinen Wagen, öffne das Tor, welches zu dem kleinen Haus führt und laufe den Schotterweg entlang. Die knirschenden Geräusche, welche die Steine von sich geben, wenn sie unter meinen Schuhsohlen wegrutschen, ignorierend, klopfe ich an die weiße Haustür. Wenige Sekunden später wird diese von Saeko geöffnet, welche mich sogleich in eine stürmische Umarmung zieht, als sie mich erblickt. „Zukiiii! Wie schön, dass du da bist! Ich hoffe mein kleiner Bruder ist dir nicht zu sehr auf den Geist gegangen. Die anderen kommen so gegen 15 Uhr, also haben wir noch ein wenig Zeit. Schickes Outfit übrigens." „Haha, sehr witzig, aber hey, schön dich zu sehen. Wie geht's? Und ne alles gut, ich war die meiste Zeit beschäftigt und sonst habe ich mich größtenteils mit Ukai und Takeda unterhalten. Mit dem Team an sich hatte ich kaum was zu tun." „Aha, du hast dich also mit Ukai beschäftigt?! Ich will all die schmutzigen Details hören. Aber lass uns rein gehen. Das muss ja nicht gleich jeder hören." „Nicht SO beschäftigt!" „Ja ja.", lacht sie nur und dreht sich weg.

„Du kannst dich nicht mehr rausreden! Ich meine ganz ehrlich dein und sein Verhalten sagen doch alles. Ihr empfindet ganz klar was für einander. Och ist das süß." „Wow Saeko, wirklich... Ja vielleicht mag ich Ukai lieber, als es früher der Fall war, aber das hat doch keinerlei Bedeutung. Wir haben uns einfach seit einiger Zeit nicht mehr gesehen und Gefühle die früher nicht als solche realisiert wurden lodern auf, aber das ebbt auch wieder ab.", beschwichtige ich und trinke einen Schluck von dem Kräutertee, den wir uns mittlerweile, während unseres Gespräches geholt haben. „Red dir das nur ein. Ich finds trotzdem süß. Kommst du zum Vorentscheid der Jungs?", fragt sie nun interessiert und sieht mich irgendwie schelmisch an. „Jep, also wenn ich frei bekomme. Ich muss ja auch schauen, dass irgendwer meine Schicht übernehmen kann und ich kann Kaito nicht durchgehend die Verantwortung für meinen Laden übertragen." „Aber denk dran, dann könntest du auch deinen Ukai-Schatz wiedersehen.", lacht sie laut und zieht dabei die Augenbrauen andeutend in die Höhe, weshalb ich ihr kurzerhand meinen Ellbogen in die Rippen ramme. „Na ja, schieben wir Thema Ukai mal beiseite. Erzähl doch mal, was du und deine Band in Tokio für ein Auftritt haben?" „Ich merke zwar, dass du vom Thema ablenken willst, aber nun gut. Wir spielen auf einem Konzert und na ja, Trommeln halt. Kennst du ja." „Also nichts außergewöhnliches. Und wie läuft es bei deinem Job? Bist du immer noch in der Motorrad Werkstatt?" „Joa, hat sich nichts verändert. Und bei deinem Laden, auch alles klar?", fragt sie und geht in die Küche um uns neue Getränke zu besorgen. „Im Großen und Ganzen ja..." „Aber...?", fragt sie nach und steckt ihren Kopf seitlich aus dem Türrahmen. „Ich habe dir doch von diesen Anzugheinis erzählt oder? Die von denen Kaito auch gesprochen hat." „Ja, was ist mit denen?" „Die sind letztens wieder da gewesen und meinten mir irgendwas erzählen zu müssen, dass ich Schulden bei ihnen habe und die Zurückzahlen muss. Keine Ahnung. Ich verstehe es selbst nicht. Ich hab in den Unterlagen meiner Großeltern nachgesehen, aber da war nichts von irgendwelchen aufgenommenen Krediten zu sehen." „Und was, wenn deine Großeltern das irgendwie hinterrücks gemacht haben? Die müssen doch als Unternehmen bestimmt irgendwelche Sachen an Ämter oder so abgeben oder? Um ne Kassenprüfung oder so zu machen?" „Ja schon, aber warum sollten sie das tun? Der Laden lief soweit ganz gut und die Kosten, die nach ihrem Unfall noch offen waren, habe ich vollständig zurückgezahlt. Da kann doch irgendwas nicht stimmen." „Und was, na ja, was wenn es kein Unfall war und deine Großeltern in irgendwas hinein geraten sind?", fragt sie und lässt sich mit einem kritischen Blick neben mich fallen.

„Ich glaube du schaust zu viele Serien. Meine Großeltern haben für diesen Laden gelebt. Er war ihr ein und alles. Abgesehen von meinem Bruder und mir vielleicht, aber das ergibt trotzdem keinen Sinn. Warum sollten die einen so hohen Kredit aufnehmen und dann, keine Ahnung, von denen umgebracht werden oder so? Und selbst wenn das, aus welchem verrückten Grund auch immer stimmen sollte, was hat mein Bruder dann damit zutun? Er hätte nicht sterben müssen. Er hatte sein ganzes Leben noch vor sich." „Hmm. Es ist trotzdem seltsam... sagtest du nicht, dass dieser andere Typ, der immer mit seinen Leuten in deinem Hinterzimmer sitzt und Poker spielt auch so, ich eiß nicht, mafia-mäßig wirkt?" Seufzend lehne ich mich auf dem Sofa zurück und stütze meinen Kopf auf meiner Hand hab, während mein Ellbogen auf der Sofalehne ruht. „Taoka macht vielleicht den Anschein, als wäre er ein Mafiosi und handelt im Hinterzimmer mal die ein oder anderen Dubiosen Geschäfte ab, aber er würde niemals etwas tun, was mich oder den Laden gefährdet. Auch wenn er zweifelsohne die Macht dazu hätte." „Sicher? Ich meine, es könnte doch sein, dass keine Ahnung... Ok, nehmen wir mal an, deine Großeltern haben sich aus einem beliebigen Grund Geld von diesen Anzugträgern geliehen, konnten es nicht zurückzahlen und wurden deswegen von ihnen umgebracht." „Du schaust eindeutig zu viel... Na ja, ist ja auch egal. Wenn die nochmal auftauchen oder meinen Briefkasten mit Drohbriefen zumüllen, wende ich mich an die Polizei und wenn die nichts machen können, schaue ich mal ob Taoka irgendwas bewirken kann. Wann kommen deine Bandkollegen nochmal? 15 Uhr? Wollen wir vorher noch was Essen gehen? Dann kann ich mir Miyagi auch mal wieder etwas genauer ansehen." „Jep, 15 Uhr ist richtig und können wir machen. Aber denk nicht, dass das Thema damit jetzt erledigt ist.

Kapitel 8

Wie auch immer.", wimmle ich sie ab und stehe auf, während ich die Tassen vom Tisch hochhebe. Mit diesen laufe ich in die Küche und stelle sie dort ab. ,,Ach komm schon, jetzt schmoll doch nicht gleich." ,,Ich schmolle nicht. Ich kann mir lediglich besseres vorstellen, als über meine verstorbene Verwandtschaft Verschwörungstheorien zu erstellen. Fakt ist, sie sind tot und selbst wenn es sich nicht um einen Unfall, sondern einen Anschlag gehandelt haben sollte, bringt mir das Wissen darüber, sie auch nicht zurück.", erläutere ich nüchtern und begebe mich in den Hausflur um mir dort meine Schuhe anzuziehen. ,,Stimmt schon..." Gemeinsam mit Saeko laufe ich durch die Miyagi Präfektur und unterhalte mich mit ihr darüber, was sonst so seit unserem letzten Treffen passiert ist.

Dabei lasse ich meinen Blick durch die geordneten und ordentlichen grünen und beblumten Vorgärten wandern. In Tokio sind die wenigen Gärten und Parks eher belebt, kein Ort der Ruhe. Im Gegenteil, es ist ständig etwas los. Hier ist es völlig friedlich und die wenigen Geräusche, die diese angenehme Stille durchbrechen, ist das Lachen der Kinder und das Summen der Insekten. Kein Anzeichen von Hektik, alles in allem wirklich schön. ,,Dahinten gibt es super leckere Onigiris und hammer Sushi. Das wirst du lieben. Der Laden hat vor knapp 2 Monaten aufgemacht und glaub mir du wirst nie mehr woanders hingehen!", reißt mich Tanakas Schwester aus meinen Gedanken, weshalb ich meine Augen wieder auf sie richte. ,,Alles gut?", fragt sie und sieht mich leicht unsicher an. ,,Hmm? Ach alles gut. Ich frag mich gerade nur, wie sich mein Leben wohl entwickelt hätte, wenn ich nie aus Miyagi weggezogen wäre, mein Bruder und meine Großeltern nicht verstorben wären und ach keine Ahnung... irgendwie hab ich grad wohl einen Durchhänger...", gebe ich nur geknickt von mir und verschränke meine Arme hinter meinem Nacken. ,,Na dann lass uns Essen gehen! Essen hilft immer." Leicht schmunzelnd folge ich ihr zu dem kleinen Laden, in welchem wir uns sogleich jeweils eine Portion

Onigiri und beide einen Tee bestellen. Zeitsprung ca. 15.00 Uhr, weil Oikawa. (Danke an Justwriting24 ;)

PS: Ihr könnt mir gerne Ideen für Zeitsprünge zukommen lassen, egal wie absurd, ich finde bestimmt eine Verwendung)„Alles klar, dann geht's jetzt los.", gebe ich von mir und starte den Wagen, in welchen die meisten von Saekos Bandkollegen platzgenommen haben. Einer von ihnen fährt mit dem anderen Wagen, in welchem auch die ganzen Instrumente zu finden sind. Während ich mich gedanklich von Miyagi verabschiede, lenke ich meinen Wagen Richtung Tokio. Als ich vorhin mit Saeko gesprochen habe, sind mir viele Gedanken gekommen, welche so einiges erklären würden. Einerseits will ich vielleicht einfach nur, dass sie stimmen, weil sie eben eine gewisse Erklärung abgeben würden, aber andererseits will ich eigentlich nur damit abschließen, mich nicht weiter damit auseinandersetzen und mir vor allem in keiner Hinsicht Hoffnung machen. Am Besten wäre es wohl wirklich, wenn ich dem Thema einfach vollständig aus dem Weg gehe und mich nicht weiter damit beschäftige. Diesen Entschluss gefasst, atme ich tief ein und aus, richte mich in meinem Sitz auf und konzentriere mich rein auf die Autofahrt.„So, da wären wir. Saeko, den Schlüssel für die Hintertür gebe ich dir gleich, ihr kennt euch hier ja aus. Passt auf die Katzen auf und joa, wenn was ist, ihr findet mich schon.", mit diesen Worten schließe ich den Wagen ab, drücke meiner blondhaarigen Freundin die Haustürschlüssel in die Hand und gehe selbst in den Laden, in welchem ich sogleich von Kaito begrüßt werde. „So da bin ich wieder. Ist- " „Die waren wieder hier. Und haben nicht gerade wenig Post hinterlassen... Zuki? Was ist da los? Die wollen 100% nicht nur irgendwelche Unterschriften! Ich spreche jetzt nicht als Angestellter, sondern als Freund zu dir. Was ist los und was wollen die?!", unterbricht Kaito mich und sieht mich eindringlich an. „Welch eine nette Begrüßung, dir auch hallo... Ich habe keine Ahnung. Was haben die denn für Briefe dagelassen? Gib mal her, dann lese ich mir die in Ruhe durch." Genervt ausatmend strecke ich die Hand aus und bekomme sogleich einen Packen von locker einem dutzend Briefe in die Arme gedrückt. „Ähm... so lange war ich doch gar nicht weg?", gebe ich verwirrt von mir und schüttle den Kopf. „Gestern, nachdem du gefahren bist kamen ca. ne Hand voll und als ich heute Morgen den Briefkasten geöffnet habe, fiel mir der Rest entgegen. Die standen heute Morgen, bevor ich überhaupt aufgeschlossen habe, vor dem Laden, die gleichen Typen, die vorgestern oder so schon hier waren, mit den du hinten warst!“, erläutert er und sieht mich kritisch an, ehe er mir einen letzten Blick zuwirft, welcher soviel aussagt wie klär-das! und sich von mir ab- und den Gästen wieder zuwendet. `Scheiße´ Mit den Briefen laufe ich die Treppen hinter dem Vorhang hoch, an meiner Freundin, die sich die letzten Tage um meine Katzen gekümmert hat, ohne ein Wort zu sagen vorbei und bis in meine Wohnung. Dort lasse ich mich auf meinen Schreibtischstuhl fallen und breite die Briefe vor mir aus. Alles fast blanke Briefumschläge unterschiedlichsten Größen, auf welchen immer lediglich mein Nachname steht. ´Na dann mal los...´, mit diesen Gedanken öffne ich den ersten Umschlag aus welchem mir einige Kontoauszüge entgegen fallen. Bei näheren Betrachtungen wird deutlich, dass es monatliche Überweisungen von einem mir unbekannten Konto auf das Konto meiner Großeltern gab. Beginnend einige Monate vor ihrem Tod... `Ach du scheisse`.

Auch im nächsten Umschlag befinden sich Papiere, allerdings keine Kontoauszüge sondern handschriftliche Verträge... Unterschrieben von meinem Großvater. Auch in den nächsten Umschlägen befinden sich allerhand Papiere, Bilder, Zahlungsaufforderungen und ähnliches. Durcheinander und nachhaltig schockiert lehne ich mich weiter in meiner Rückenlehne zurück. Das kann doch alles nicht wahr sein... Was soll ich denn jetzt bitte machen und warum ist davon in den anderen Unterlagen nichts zu finden? Aber na schön, jetzt habe ich es schwarz auf weiß... obwohl, man kann selbst das fälschen... vielleicht sollte ich mich wirklich an einen Richter oder so wenden. Oder vielleicht doch lieber Taoka? Ich hab keinen Nerv mehr dafür... Dieser Mist sorgt dafür, dass meine gesamte Zukunft innerhalb von wenigen Sekunden auf der Kippe steht... Die Polizei kann mir dabei eh nicht helfen... also doch Taoka... Ach was, ich finde schon irgendeinen Weg.

„Nao? Kommst du mal bitte?", ertönt nach einigen Minuten, welche ich in Gedanken versunken auf dem Schreibtischstuhl verbracht habe, Kaitos Stimme. Von daher stehe ich schleppend auf und spüre wie mir die Müdigkeit schwer in den Knochen liegt. „Komme!", rufe ich und laufe die beiden Treppen herunter. Gerade als ich den Vorhang zur Seite schiebe und in den Laden trete, bemerke ich Kaito, welcher mal wieder einige Gläser polierend hinter dem Tresen steht. „Was gibt´s?", frage ich ihn und lehne mich gegen den Rahmen, an welchem der Vorhang befestigt ist. „Taoka ist gerade gekommen. Gehst du nach hinten? Ich kann hier nicht weg, wie du siehst." ,,Klar, ich zieh mich schnell um.", mit diesen Worten begebe ich mich in unsere Umkleide, ziehe meine Arbeitskleidung an und atme, ehe ich die Tür in den Ladenbereich öffne, noch einmal tief durch. \`Ok, es wird sich schon eine Lösung finden lassen. Einfach nicht drüber nachdenken und weitermachen. Jetzt kannst du eh nichts daran ändern.\`, schießt es mir durch den Kopf, bevor ich die Tür endgültig öffne und mit einem unechten Lächeln mein Lokal betrete. Jene Gäste, die ich passiere grüße ich freundlich, in der Hoffnung, dass man mir das Chaos, welches in meinem Inneren um sich schlägt nicht ansieht.

Am Hinterzimmer angelangt öffne ich die Tür, trete in den Holzverkleideten Pokerraum und schließe die Tür dann wieder. ,,Ah, hallo meine liebe. Wie geht es dir?" ,,Hallo Taoka. Na ja, war schon mal besser aber was soll´s. Was kann ich euch heute bringen?" ,,Ist was passiert?" ,,Na ja. Also..." ,,Na los. Raus mit der Sprache!", kommt es streng von ihm, während einer seine Kumpanen die Karten mischt. ,,Jungs, lasst uns allein. Ich rufe dann.", kommt es von ihm, weshalb seine beiden Begleiter ohne die Aufforderung ihres Bosses zu hinterfragen aufstehen, den Raum verlassen und vermutlich draußen vor der Tür stehenbleiben. Da merkt man mal wieder, was Taoka eigentlich für eine Macht hat, bzw. dass seine Leute klipp und klar nach seiner Pfeife tanzen und das, was er sagt auch umsetzten. „Setzen!", kommt seine strikte Anforderung mit welcher er auf einen Stuhl an dem Tisch deutet. Wissend, dass ich aus dieser Situation nicht mehr rauskomme, lasse ich mich seufzend auf dem Stuhl nieder. „Also? Was ist los?" „Ok, zusammengefasst, meine Großeltern, von denen ich ja diesen Laden hier geerbt habe, sollen angeblich Schulden in Höhe von 2,5 Millionen Yen aufgenommen haben, welche ich nun zuzüglich der Zinsen an diesen Typen zurückzahlen soll. Probleme jetzt sind, dass ich erstens nicht soviel Geld habe, zweitens in den Unterlagen meiner Großeltern nichts davon zu finden ist, ich aber Unterlagen von diesem Typen bekommen habe, in welchen die Überweisungen klar abzusehen sind und ich jetzt, also drittens, irgendwie Panik habe, dass sie mir das als Beweis an den Hals hetzen und den Laden dicht machen.

Kapitel 9

Und wer ist dieser Typ?" ,,Ich hab ehrlich gesagt irgendwie gar nicht nach seinem Namen gefragt. Das war so ein braunhaariger, älterer Herr mit Gehstock. Er trug nen Anzug und war ziemlich von seiner Sache überzeugt. Ich weiß echt nicht, was ich machen soll. Wenn das was der Typ erzählt stimmt, dann hängt meine gesamte Existenz am seidenen Faden. An diesem Laden hier hängt alles. Das ist nicht nur das letzte, was mir von meiner Familie noch übrig geblieben ist, sondern auch mein Zuhause und die Arbeit meiner Angestellten." ,,Hmmm. Das klingt schwierig. Ich setze da nachher mal ein paar meiner Jungs drauf an. Die sollen mal schauen, was sie darüber rausfinden können. Bring mir bitte die Unterlagen, die dir der Mann gegeben hat. Dann werde ich schauen, was sich da machen lässt.

JUNGS! Und sei so gut und bring uns eine Flasche Pflaumenwein." ,,Bitte. Das musst du doch nicht machen. Ich find da schon irgendwie ne Lösung für. Und klar, bringe ich euch. Aber mach dir bitte keine Umstände.", bitte ich ihn und richte mich auf, nachdem seine Jungs den Raum wieder betreten. ,,Keine Chance. Du hast bereits einiges für mich möglich gemacht, wenn auch unbewusst und ich denke nicht dran, dich jetzt damit allein zulassen. Du musst dich auch mal auf andere einlassen und dir helfen lassen. Ich kläre das und melde mich dann..." Mit einem tiefen Seufzen entferne ich mich von ihm und laufe zum Tresen. Bepackt mit den Unterlagen, einer Flasche Pflaumenwein, Gläsern und etwas Knabberzeug begebe ich mich zurück in den Raum in welchem Taoka und seine Kumpanen Platzgenommen haben.Als ich gegen Abend, als der Laden geschlossen und so gut wie alles um mich herum ruhig ist, wieder umgezogen in meinem Bett liege und meinen Blick durch das Fenster in den Himmel richte, schweifen die Erlebnisse und Ereignisse des heutigen Tages noch immer in Dauerschleife wie auf einer Achterbahn durch meinen Kopf. Sasuke hat es sich mittlerweile auf meinem Bauch bequem gemacht und schnurrt zufrieden, während ich meine Hand durch sein weiches Fell gleiten lasse. Was soll denn jetzt passieren?

Und warum gerade jetzt? Es war doch alles auf dem besten Weg Richtung positive Zukunft... ob ich mit jemand anderem darüber reden sollte? Ne, lieber nicht noch mehr Leute in meine Probleme einbeziehen.

Als ich meinen Blick von dem Glas, gegen welches nun dicke Regentropfen plätschern und so einen prasselnden Ton erzeugen, abwende, richte ich mich gleichsam mit auf und stelle meine Füße auf den Boden. Sasuke drückt sich mit seinem Kopf an meine Seite um so weitere Kuscheleinheiten zu ergattern. „Ach Sasuke... Kannst du froh sein, ein Kater zu sein. Du hast die Probleme nicht, mit den ich mich jetzt beschäftigen muss." Als auf einmal der Ton von „Highway to Hell" von AC/DC von meinem Stuhl aus, mein Zimmer durchschallt, genieße ich wenige Augenblicke die Musik, ehe meinem Hirn auffällt, dass ich scheinbar angerufen werde.

Von daher stehe ich zügig von meinem Bett auf und laufe über den kalten Boden bis zu meinem Schreibtischstuhl. Dort greife ich sogleich nach meiner Jacke, in dessen Innentasche sich mein Handy befindet. „Shizuka am Apparat, was kann ich für Sie tun?" „Hey Nao, ich bins Ukai. Ich ähm, hoffe du bist gut angekommen..." „Hey, ja alles gut, ich bin wieder in Tokio. Aber wollen wir vielleicht Morgen telefonieren? Ich bin echt kaputt und will nur noch schlafen." „Oh, ähm klar, ich hoffe, ich hab dich nicht geweckt. Ähm ja also dann, schlaf gut." „Ja danke. Du dann auch.", damit lege ich wieder auf und lasse mich auf meinen Schreibtischstuhl fallen. Ich bin irgendwie völlig ausgelaugt, egal für was, mir fehlt jegliche Motivation.

Auch am nächsten Morgen hat sich mein Gemüt nicht sonderlich beruhigt, weshalb ich beschließe eine längere Dusche zu nehmen. `Die wird mich endlich dazu bringen, mich auf das Wichtige zu konzentrieren.` Als ich nach der, mehr als nur entspannenden Dusche wieder in meine Arbeitskleidung gekleidet im Laden hinter dem Tresen stehe, kommt Taoka auf mich zu. „So früh schon hier?", frage ich daher mit einem leichten Lächeln, um mein Inneres nicht zu weit nach außen dringen zu lassen. „Wir müssen reden. Komm mit.", kommt die knappe Anweisung von ihm, weshalb ich ihm in das altbekannte Hinterzimmer folge. „So. Setz dich. Folgendes ist Sache. Wie du weißt, habe ich einige meiner Jungs auf diesen Kerl angesetzt. Das Problem, abgesehen davon, dass er eine der Personen ist, die seit Monaten versuchen mir meine Geschäftspartner streitig zumachen, gab es durchaus Zahlungen von ihm an deine

Großeltern." „WAS?!", ertönt es schockiert von mir, während ich mich etwas aufrichte. „Laut den Papieren, die mir zugänglich gemacht wurden, ist es so, dass deine Großeltern, bzw. genauer dein Großvater, welcher ja auch zunächst der alleinige Eigentümer dieses Lokales war, in einer Art Geschäftsbeziehung mit diesem Kerl stand." „Aber-" „Dein Großvater hat bereits zuvor, Jahre vor seinem Tod Gelder von diesem Mann erhalten. Als deine Großmutter ins Geschäftliche miteingestiegen ist, wollte sich dein Großvater scheinbar von ihm lösen. Zunächst schien es auch so, als wäre dies ohne Probleme verlaufen, aber ohne die Zuschüsse von Yukama, so heißt der Mann, der dir jetzt so Stress macht, ging der Laden langsam aber sicher den Bach herunter." „Aber momentmal. Meine Großmutter ist nur in das Geschäft eingetreten, weil sie kurzfristig für meinen Bruder und mich das Sorgerecht übernehmen mussten. Es sind neue Kosten entstanden, die sie nur so decken konnt en... Ich versteh das alles nicht. Ich meine, was hat das ganze denn bitte mit mir zutun?", völlig sprachlos verstecke ich mein Gesicht hinter meinen zitternden Händen. `Ok Nao, du musst dich jetzt irgendwie beruhigen. ..', denke ich mir und versuche meinen Atem unter Kontrolle zu bringen, damit auch das Zittern meiner Hände

aufhört und ich hier nicht hyperventiliere. „Also. Ich weiß, dass das alles gerade ziemlich viel für dich ist, eine überraschende neue Situation, mit der man erstmal irgendwie umzugehen hat, aber das war noch nicht alles."
„Was denn noch?", kommt es erschöpft von meinen Lippen, während ich leicht meine Finger spreize um durch die entstehenden Freiräume meinen Gegenüber anzusehen. „Nachdem dein Großvater sich aus dem Geschäft zurückgezogen hat und dieser Laden langsam aber sicher auf die Insolvenz zuging, wollte Yukama das Geld zuzüglich den Zinsen entweder zurück, oder dass deine Großeltern einen erneuten Vertrag abschließen. Auch auf die scheinbar mehrfache Aufforderung ist nichts passiert. Dies zog sich dann wohl einige Monate hin, bis der Laden kurz vor dem Aus stand. Die letzte Möglichkeit die deine Großeltern sahen, war scheinbar doch ein erneutes Geschäftsverhältnis mit diesem Yukama einzugehen. Von diesem Moment an lief das Geschäft wieder halbwegs gut, als aber vor knapp vier Jahren die Aufforderung kam, das geliehene Geld zurückzuzahlen, was sich über die Jahre hinweg eben zu etwa 2,5 Millionen Yen angehäuft hat und deine Großeltern dieser Aufforderung nicht nachkamen, ob sie es

konnten oder nicht, hat sich Yukama wohl anderweitig diesem Problem entledigt."

„Du willst damit sagen, dass dieser Yukama meine Großeltern hat umbringen lassen?! Denkst du nicht, dass das etwas an den Haaren herbeigezogen ist? Ich meine, mein Bruder hat mit in dem Auto gesessen, welchen Grund hätte er gehabt einem Kind das Leben zu nehmen? Außerdem warum kommt der Typ dann jetzt zu mir und will, dass ich jetzt die Schulden abbezahle? Reicht es ihm den bitte nicht, dass ich meine Großeltern und meinen kleinen Bruder verloren habe und alleine einen Laden am Laufen halten muss, der darüber entscheidet, wie es in meiner Zukunft aussieht?" „Das ist kein einfaches eschäft meine Liebe. Und damit meine ich nicht die Gastronomie... Gegebenenfalls musst du dir Gedanken darüber machen, wie viel dir dieser Laden wirklich bedeutet und ob es für dich eine Option ist auf dem gleichen Weg aus dem Leben zu treten, wie deine anderen Familienmitglieder? Dein Bruder war scheinbar eine notwendige oder eben hinzunehmende Nebensächlichkeit", erläutert er und sieht mich mit scharfem Blick an. „Bitte? Willst du mir damit weiß machen, dass ich drohe umgebracht zu werden?!" „Wie bereits erwähnt, in diesem Milieu ist eine solche, augenscheinlich rabiate Vorgehensweise normal. Alltag wenn man so will. Als Unfälle verschleiert, während im Hintergrund bereits die Fäden für die nächsten gezogen werden. Abartig, keine Frage, aber es gibt Personen, mit welchen selbst ich mich nicht anlege. Ich habe kein Interesse daran meine Jungs und Mädels einer Gefahr auszusetzten, bei welcher sie ihr Leben verlieren könnten. Du und dein Laden waren und sind eigentlich für mich stets vom Vorteil. Auch meine Geschäfte kann ich hier ohne Probleme und Sorgen abwickeln, dadurch ist es meiner Ansicht nach nur selbstverständlich, dass ich dir nun helfe. Es liegt natürlich an meinem Interesse weiterhin einen Ort zu haben, bei dem ich nicht alle paar Sekunden vermuten muss, das eine Razzia durchgeführt wird, aber auch weil du mir wichtig bist. Ich möchte lediglich, dass du dir über den Ernst der Lage bewusst wirst. Um die Situation etwas zu entspannen, wirst du deine Mitarbeiter erstmal in einen 2-Wöchigen, bezahlten Urlaub schicken und den Laden für die Zeit dicht machen." „Ich unterbreche dich nur ungern, aber wie stellst du dir das vor? Ohne die Einnahmen bekomme ich es nicht hin die offenen Rechnungen zu zahlen und das Gehalt kann ich dann erst recht nicht zahlen, besonders ohne Gegenle istung.", erläutere ich verzweifelt und völlig hoffnungslos.

Kapitel 10

Du hast die Wahl, entweder du riskierst das Leben deiner Mitarbeiter, Gäste, Freunde und dir selbst oder du nimmst einmal in deinem leben die Hilfe an, die dir geboten wird und versuchst nicht deinen Sturkopf durchzusetzen. So kommst du nicht weiter." ,,Ich- also,... ich meine... Ich kann nicht mehr.", kraftlos fallen meine Hände neben mich auf die Stuhllehnen während ich meinen Kopf über die Rückenlehne lehne, sodass mein Blick an der Decke haftet. Dass meine Lippe und meine Hände mittlerweile zu Zittern angefangen haben und Tränen wie Sturzbäche meine Wangen herunterfließen, bemerke ich nicht. Auch dass ich meine Beine auf die Sitzfläche ziehe, meinen Kopf auf meinen Knien abstütze und so eine Schutzhaltung einnehme, mache ich eher automatisch, als es bewusst zu wollen. ,,Das ist schwer, ich weiß, aber Weinen bringt dich jetzt auch nicht weiter. Wenn dein Laden morgen auf ist, nehme ich das als Antwort. Sonst melde ich mich.", damit höre ich nur noch gedämpft wie die Tür ins Schloss fällt und schließe erschöpft meine Augen. Wie lange ich noch in diesem Raum sitze, ehe mich die Realität wie ein Schlag aufs Auge trifft, dass ich jetzt eine Entscheidung treffen muss, von welcher nicht nur meine Zukunft und mein Leben sondern auch jene meiner Mitmenschen abhängt. Kurzerhand stehe ich auf, verlasse das Hinterzimmer und laufe in den Gastronomiebereich.

Dabei beobachte ich, wie Kaito gerade das Schild an der Tür umdreht und meine anderen beiden Angestellten aus der Umkleide treten. „Hey Chef! Alles gut?", fragt der junge Mann, welcher bei uns in der Küche aushilft. „Wir müssen reden. Alle.", seufze ich und halte meinen Blick starr gen Boden gerichtet. „Alles gut Nao?" Kaitos Frage unbeantwortet im Raum stehen lassend setze ich mich auf den Stuhl, an dem Tisch, der mir am nächsten steht. „Setzt euch bitte." Intuitiv bemerke ich die Unsicherheit welche meine Angestellten mit einem Mal ausstrahlen. Als wir vier am Tisch sitzen, die anderen also Platz genommen haben, spüre ich ihre verwirrten Blicke auf mir, während meiner noch immer auf der hölzernen

Tischplatte haftet. Das rot-weiße Tischset steht mittig auf dem Tisch und ist gerade besonders interessant für mich. `Wie sag ich das jetzt am besten?`, frage ich mich selbst, richte meinen Blick aber auf als Kaito mich direkt anspricht und seine Hand auf meine legt.

„Nao was ist los? Ist was passiert?" „Also... ok, als erstes möchte ich, dass ihr wisst, dass ihr mir sehr wichtig seid. Sowohl als Angestellte in dem Laden, als auch als Mitarbeiter und privat als Freunde. Ich- ich will das nicht tun, ich will nicht, dass irgendwem von euch etwas passiert und ich möchte euch nicht in Sachen reinziehen, die euch eigentlich gar nicht tangieren. Allerdings habe ich aktuell einige Probleme, welche ihr gegebenenfalls am Rande bereits mitbekommen habt... ähm... also, von Anfang an. Wie ihr wisst habe ich diesen Laden von meinen Großeltern übernommen, euch eingestellt und den Laden völlig neu aufgerollt. Es hat sich jetzt... Na ja, zu meinem Bedauern hat sich jetzt heraus gestellt, dass dies erstmal nicht mehr so möglich sein wird. Ich-" „Bist du pleite?", unterbricht mich unsere Küchenhilfe plötzlich und sieht mich schockiert an, woraufhin ich nur den Kopf schüttle, aber leicht schmunzle, als der Küchenchef ihm mit den Worten „Lass sie doch erstmal ausreden!", einen Klaps auf den Hinterkopf gibt.

„Nein, weder bin ich pleite noch gehen wir auf die Insolvenz zu. Aber es haben sich andere Probleme aufgetan, weshalb ich den Laden erstmal für zwei, oder drei Wochen dicht machen muss. Also schicke ich euch bis dahin in den bezahlten Urlaub.“, ende ich und schaffe es endlich ihnen in die Augen zu sehen, in welchen ich Verständnis und Erleichterung erkennen kann. „Und ich dachte schon du willst uns das Gehalt kürzen oder einen rausschmeißen. Was machst du da denn für ein Trara drum?“, lacht der Koch und packt mir freundschaftlich die Hand auf die Schulter. „Ich stimme ihm zu. Urlaub ist doch auch mal cool, kommt zwar etwas plötzlich und unerwartet, aber ist ja kein Problem.“, stimmt ihm auch der Jüngste in unserer Runde zu. Lediglich Kaito sieht mich zweifelnd an, weshalb ich die anderen kurzerhand bitte „Ok, dann macht Schluss für heute, entschuldigt, dass ich euch noch solange aufgehalten habe. Ich melde mich dann in den nächsten Tagen bei euch, wann es weitergeht. Um das Zeug in der Küche und so kümmere ich mich, keine Sorge... genießt eure freien Tage.“ Kurzdarauf haben sich unsere Kollegen aus der Küche verabschiedet und das Lokal verlassen. „Bedrohen diese Anzugheinis dich?“, fragt er direkt und sieht mich dabei starr an. „Nicht wirklich. Lügen bringt eh nichts und drum herum reden auch nichts, also, Fakt ist, ich hab mich da wohl ein wenig in die Scheiße geritten, oder reiten lassen, wie man es nimmt. Jedenfalls sind, ja in Zusammenhang mit ihnen, einige unerwartete Ereignisse aufgetreten, um die ich mich jetzt erst einmal kümmern muss. Taoka unterstützt mich dabei und hat mir geraten, sicherheitshalber erst einmal den Laden für ein paar Wochen dicht zu machen, damit ich mich darauf konzentrieren kann.", erkläre ich und sehe ihn dabei nüchtern an. ,,Bist du in Gefahr?", fragt er mit seiner typischen direkten Art und beugt sich ein Stück nach vorne um mir direkt in die Augen zu starren. Da ich diesem Blick nicht standhalten und die Wahrheit sagen kann, wende ich meinen Blick von ihm ab, stehe auf und zucke mit den Schultern, während ich den Stuhl wieder an den Tisch schiebe. ,,Nao! Sag mir die Wahrheit, ist dein Leben in Gefahr?" ,,Kaito, bitte. Sagen wir so, ich stehe nicht in direkter Lebensgefahr und drohe auch nicht verletzt zu werden. Aber meine Zukunft steht in gewissermaßen auf Messerschneide. Aber keine Sorge, mir wird schon nichts passieren. Genieß deine freie Zeit und wenn es dich beruhigt, kann ich mich auch regelmäßig bei dir melden ok?" ,,Ich find's zwar nicht gut, aber na schön. Pass auf dich auf und melde dich!“, während er das sagt, zieht er mich in seine Arme und nickt mir danach zu, während er in Richtung Tür geht. „Mach dir keinen Kopf, Kaito. Ich schaff das sc hon.“, murmle ich und winke ihm zum Abschied.“ Als alle den Laden verlassen haben, atme ich tief ein und aus und lasse dann meine Augen durch den Raum wandern, welcher nur noch von der Thekenbeleuchtung erhellt wird. „Ich kann diesen Laden nicht einfach so kampflos aufgeben.“ Es muss irgendeinen Weg geben, dem auszuweichen. Diesen Entschluss gefasst, schließe ich die Ladentür ab. Ich sollte dringend noch was essen… wie lange habe ich bitte in diesem Zimmer gehockt? Und was ist überhaupt mit Saeko und ihren Bandmitgliedern?

Kopfschüttelnd laufe ich durch den Fadenvorhang, die Treppen hoch, durch den Flur und auch die Treppen zu meiner Wohnung erklimme ich mühelos. In der Küche bereite ich mir eine Portion Instant Ramen zu und setzte mich mit der heißen Nudelsuppe an meinen Schreibtisch. Nachdem ich meine Mahlzeit vollständig verspeist und mir noch einen starken Schwarztee geholt habe, durchforste ich noch mehrere Stunden das Internet nach Informationen zu diesem Yukama, meinem Laden, dem Unfall und den dazugehörigen Zeitungsberichten zu dem Tod meiner Familienmitglieder und nach möglichen Rechtswegen. Keine Chance... zu diesem Typen findet man fast nichts, jedenfalls nichts, was mir irgendwie helfen könnte. Und den Rechtsweg kann ich direkt ausschließen, nach den Gesetzen, die hier in Japan gelten, habe ich keinerlei gute Aussichten auf einen positiven Ausgang, zu meinen Gunsten, wenn ich mit der Sache vor Gericht ziehe. Die Beweise, die Yukama anführen könnte, sprechen alle für ihn. Allein die Papiere... Selbst Taoka hat ihre Echtheit bestätigt. `Also muss ich meine ganze Hoffnung wohl auf ihn setzten...`, denke ich mir uns lehne mich erschöpft zurück. Was ein Mist. Müde öffne ich meine Augen und spüre sogleich einen stechenden Schmerz, der mir vom Rücken aus durch den ganzen Körper schießt. Ich bin gestern scheinbar auf meinem Schreibtischstuhl eingeschlafen. Unbequemer geht's wohl kaum. Na ja, da ich den Laden heute nicht öffnen muss, beschrifte ich lediglich einen Zettel, Schweiße diesen ein, sodass er auch vom Wetter, Regen beispielsweise, geschützt bleibt und hänge ihn unten im Laden, von außen an die Eingangstür.

“Aus betrieblichen Gründen vorrübergehend geschlossen“

Joa, ich denke so kann man das machen. Nachdem ich die Tür wieder geschlossen habe, begebe ich mich wieder nach oben. Dort begegne ich auch Saeko, welcher man früh morgens lieber aus dem Weg gehen sollte. Sie ist absolut kein Morgenmensch... Nicht mal ansatzweise. „Morgen, Saeko. Auch einen Kaffee?“, frage ich sie von daher und laufe in die kleine Küche auf der ersten Etage um die Kaffeemaschine, die sich dort befindet zu befüllen und anzuschalten. „Mhjamh-mm“, grummelt sie und lässt sich gegen die Küchenzeile fallen. Schmunzelnd reiche ich ihr ihre Tasse mit dem brauen Getränk und meine dann ergänzend: „Milch ste-ht im Kühlschrank, Zucker oben im Schrank. Ich komme gleich wieder. Gehe eben die Kater füttern.“ Somit lasse ich sie alleine, sprinte nach oben, befülle die Näpfe meiner Katen mit Futter und Wasser und reinige auch ihre Toilette, ehe ich mich wieder nach unten begebe. Nach kurzer Zeit verfallen wir in ein gespräch, welches zwischenzeitlich auch auf Ukai und Kaito fällt. Hätte ich gewusst, dass gestern das letzte Mal gewesen ist, das ich Kaito gesehen habe, würde ich jetzt wohl nicht schmun-zelnd mit Saeko Kaffee trinkend in der Küche stehen und hätte ihn wohl nicht aus der Tür gehen lassen. Dafür ist er mir in den letzten Jahren als bester Freund, fast schon als Bruder zu wichtig geworden.

Kapitel 11

Und wann habt ihr jetzt euren Auftritt?", frage ich sie, während ich einen Schluck aus meiner Kaffeetasse zu mir nehme. „Heute Abend. Einer von uns fährt nachher die ganzen Trommeln und so rüber und kommt danach wieder her um uns abzuholen. Dich stört das ja nicht, wenn wir irgendwann heute Nacht wieder reinschauen oder?" „Nein, kein Problem, passt nur auf, dass ihr nicht unbedingt über die Katzen fliegt, wenn die auf der Treppe liegen. Aber das kennt ihr ja. Ich gebe dir nachher meinen Zweitschlüssel, dann kommt ihr durch die weiße Tür rein. Essen und so habt ihr ja dabei oder? Sonst sagt einfach Bescheid, dann hole ich euch was aus dem Laden. Ich muss eh schauen, was ich jetzt mit dem Zeug mache, schließlich ist der Laden jetzt erstmal auf unbestimmte Zeit geschlossen.", erläutere ich als Antwort und nicke dem Bandmitglied von Saeko freundlich zu, welcher gerade in die Küche tritt. „Warum das eigentlich? Wegen diesen Typen?“, fragt sie noch immer etwas verschlafen, woraufhin ich nur zustimmend nicke. „Wie auch immer, ich geh dann mal runter. Sagt mir bescheid, wenn was ist.“ Somit leere ich meine Tasse mit einem Schluck, lasse das warme, braune Getränk meine Kehle hinabfließen und stelle die Tasse dann zur Spüle. Ohne weitere Gespräche aufzubauen, laufe ich herunter in den Laden und begebe mich dort direkt in die Speisekammer.

Einige Zeit verbringe ich damit zu sortieren, welche Lebensmittel und Gerichte in der nächsten Zeit aufgebraucht werden müssen, welche ich gegebenenfalls verschenken oder anderweitig verteilen kann und was ich mit den restlichen Sachen mache. `Ich hoffe nur, dass Taoka sich bald meldet. Schließlich muss ich meine Angestellten ja trotzdem irgendwie bezahlen.`, seufzend gehe ich in die Küche und will gerade dort die Schränke durchsortieren, als ich höre, dass es laut an der Ladentür klopft. `Das wird er wohl sein`, denke ich und gehe durch die Doppeltür, welche mich hinter den Tresen führt. Von dort aus laufe ich, mit dem Schlüssel in der Hand zur Ladentür und schließe diese auf.

Noch ehe ich die Klinke herunterdrücken kann, wird die Tür mit einem Ruck geöffnet, sodass sie mir wohl an den Kopf geflogen wäre, wenn ich ihn nicht rechtzeitig zurückgezogen hätte. „WOAH!", ertönt es nur aus meinem Mund, während ich zügig zwei Schritte zurück trete. „Nao Shizuka.", spricht eine mir nicht unbekannte Stimme, Yukama. Was will der denn jetzt? „Haben sie es sich überlegt? 2,5 Millionen Yen. Sonst finden wir einen anderen Weg, wie wir unsere Schulden eintreiben. Aber ob das dann auch in ihrem Sinne ist, ist dann eine andere Frage." „Was wollen Sie eigentlich von mir! Ich habe mit diesen Schulden nichts zutun! Meinen Sie nicht, dass ich in den letzten Jahren genug durch den Tod meiner Großeltern UND meines kleinen Bruders, der sein ganzes Leben noch vor sich hatte, gelitten habe? Erklären sie, Yukama, mir doch mal lieber, was damals vor vier Jahren wirklich passiert ist. War es wirklich ein Autounfall, der meine Familie aus dem Leben gerissen hat oder hatten sie ihre verdammten Finger da im Spiel? So weit meine Informationen reichen, ist das in ihrem Gewerbe wohl nicht ganz un üblich.", bevor ich weitere Vorwürfe äußern kann, tritt einer der Handlanger bedrohlich auf mich zu, weshalb ich, nun schweigend, versuche einige Meter Abstand zwischen uns zu bringen. Auch der andere Typ neben dem Mafiosi sieht mich eindringlich, meine Handlung genau beobachtend, an. Eine beklemmende Situation. Ich fühle mich in die Enge getrieben und spüre, wie meine Atmung mit jeder Sekunde, die vergeht, schneller wird. Ob aus Angst vor dem Ungewissen oder wegen den Psychospielchen die der Typ mit mir in der Opferrolle spielt, weiß ich nicht. Die Angst, die mir langsam aber sicher die Kehle zu schnürt, kriecht immer weiter durch meinen Körper. „Ganz vorsichtig. Sie sollten jetzt genau darauf achten, was sie sagen, sonst wiederfährt ihnen wohl doch das gleiche Schicksal. Der Tod eines Menschen, füllt das Loch, welches 2,5 Millionen Yen in mein Budget gerissen haben nicht. Auch nicht der Tod von mehreren und das Wissen, der letzten noch auf dieser Welt zurückgebliebenen Shizuka solche seelischen Schmerzen bereitet zu haben, geben mir keinerlei Genugtuung. Es hat einen einfachen Grund, warum ich hier bin. Ich will das Geld, was ihre Familie mir schuldet. Sonst werde ich dafür Sorge tragen, dass ihnen nicht nur der Laden dicht gemacht wird, sondern sie ihre gesamte Lebensgrundlage verlieren. Dann sind die Gedanken daran, was sie am nächsten Tag essen können, ihre geringste Sorge. Ich bin durchaus in der

Lage dazu, sie psychisch so sehr zu triezen und in die Enge zu treiben, dass der Tod der angenehmste Ausweg aus dem Chaos, das ihr Leben sein wird, ist. Sie haben keine Ahnung, mit wem sie sich hier zu messen versuchen. Egal von wem sie glauben, dass er oder sie oder was auch immer, auf ihrer Seite steht. Am Ende habe ich mein Geld und sie nichts mehr. Wenn es gut für sie ausgeht, wohlgemerkt. Glauben sie bloß nicht, dass mir nicht klar ist, wer in dieser Kaschemme ein und aus geht, und welche Beziehungen sie untereinander und zueinander führen und mit wem sie reden. Mir bleibt nichts unbemerkt. Passen sie lieber auf sich und ihre Nächsten auf. Nicht, dass noch etwas unerwartetes passiert und wohlmöglich jemand verletzt wird.“, mit diesen Worten dreht sich der arrogante Anzugträger von mir weg und verlässt mein Lokal. Auch die anderen beiden folgen ihm wenige Sekunden später. Als die Ladentür hinter ihnen ins Schloss fällt laufe ich in kurzen, schnellen Schritten auf diese zu, drehe den Schlüssel, welcher noch immer in der Tür steckt um und lasse mich dann zitternd an der Tür zu Boden gleiten. `Das war eindeutig…´ Als wäre ich in Watte eingepackt, ist mein Sichtfeld beschränkt, verschwimmt immer mehr, während auch das Zittern meiner Glieder und die Kälte, die mich auf einmal übermannt und mir eine Gänsehaut verpasst, stets zuzunehmen scheint. Ein leises Schluchzen entflieht meiner Kehle, bevor ich mein Gesicht in meinen Knien verstecke. Meine Hände umklammern meine Schienbeine fest, während ich meine Stirn auf meine Kniescheiben drücke und die Augen festzusammenkneife. Tränen fließen ununterbrochen aus meinen Augen, fließen über meine Wangen, tropfen von einem Kinn und fallen von dort mit stumpfen, kaum wahrzunehmenden Geräuschen weiter zu Boden. Nur mein Jauchzen unterbricht das Tropfen, jedenfalls bis plötzlich mein Handyklingelton ertönt, welcher mich erschrocken zusammenzucken lässt. Mit vor Tränen verschleierter Sicht, versuche ich mich zu beruhigen und wische mit meinem Unterarm über meine Augen um die Tränen zu stoppen und beiße mir fest auf die Unterlippe um das Schluchzen zu stoppen, was mir jedoch misslingt. Den Namen, auf meinem Display fokussierend, stelle ich fest, das Ukai derjenige ist, der mich anzurufen versucht. Eher ausversehen, als wirklich gewollt, nehme ich das Gespräch an und lausche sogleich der tiefen Stimme von meinem ehemaligen Teamkamerad. „Hey Nao... ich öhm, ich hoffe ich störe grad nicht. Ich wollte mich jetzt mal erkundigen, wie es dir so geht und so. Gestern, haben wir ja nicht groß gesprochen..." ... „Alles gut?... Nao?", statt einer Antwort mit fester und sicher Stimme, welche das Chaos in meinem Inneren verdrängt und meine wahren Gefühle überspielt, dringt nur ein Schluchzen meinerseits durch den Hörer zu ihm. „Hey, was ist los? Ist was passiert? Ist jemand bei dir?" „Ich... Uk... Keishin, Hilfe. Ich, ich kann nicht mehr..." ‚Hey, ganz ruhig, erklär mir erstmal was los ist. Nein, am besten atmest du jetzt erstmal tiefdurch und versuchst dich zu beruhigen. Und dann sagst du mir ob du in Gefahr bist.", ein Schmunzeln sticht sich in mein trauriges Gesicht, als ich diese Worte vernehme. Es ist echt verwirrt, aber süß und... und er ist für mich da. Ganz sicher... „Ich...ok, warte.", tief atme ich in de Bauch und unterdrücke die aufkommenden Tränen und auch das Schluchzen, was durch meine Lungen an die Freiheit zu kommen versucht, verbiete ich mir. „Diese Anzugtypen bedrohen mich. Und ich glaube meine Angestellten und Freunde hier sind in Gefahr. Ich hab mich in irgendwas reingeritten und mache es mit allem was ich sage nur noch schlimmer. Ich ist aussichtslos..." „HEY! Was soll das denn heißen?! Es gibt immer irgendeinen Weg!", versucht er mich aufzumuntern, was jedoch reaktionslos an mir vorbeigeht.

,,Dieses Mal nicht, befürte ich. Aber trotzdem, egal was auch passiert, danke Ukai. Danke, dass ich dich nochmal sehen durfte und wir noch so schöne Stunden miteinander verbringen durften." ,,WOW, WOW, Wow, jetzt beruhig dich mal. Das hier klingt ja wie ein Abschied! Hast du irgendwie keine Ahnung, das Verlangen zu sterben oder was ist falsch?! Du kannst mich jawohl jetzt nicht einfach damit stehen lassen! Sonst komm ich dir dahin. Du musst schließlich noch die Spiele von den Jungs sehen, und meine Mutter hat schon wieder nach dir gefragt, also wag es dich ja nicht, irgendwas bescheuertes zutun, was du nachher bereust, klar! Ich warne dich!" ,,Danke Keishin. Wirklich. Ich wünschte, wir hätten noch etwas länger Zeit miteinander verbringen können und wer weiß, vielleicht hatte deine Mutter ja doch recht... wie auch immer, danke dir.", mit diesen Worten lege ich auf und entferne das Akku aus meinem Handy.

Kapitel 12

Was mich jetzt dazu gebracht hat das zu sagen und zu tun, weiß ich nicht, ich kann nicht klar denken. Was ist nur falsch mit mir?! Am liebsten würde ich schreien, all den Frust, die Gefühle, die ich selbst nicht verstehe und alles andere herausbrüllen in die Welt, damit jeder Anteil nehmen kann, an dem Schmerz der mich innerlich zerfrisst, mir alles nimmt, was mich ausmacht und mich immer weiter in das bodenlose Loch zieht, in welchem ich mich befinde und somit jegliche Hoffnung tötet, dass ich mich noch befreien kann, aus dem unendlichen Schwarz, der tiefe, dem Abgrund, der mich umgibt. Doch einen Lichtblick gibt es noch. Ich kann ihn nicht erkennen, aber ich weiß um seine Existenz. Hilfe...Ein erneutes Klopfen, zieht mich aus der Enge und sorgt dafür, das ich japsend auf alle viere vornüberfalle und von der Tür weg robbe. „Shizuka? Ich bins. Mach auf!", erklingt Taokas Stimme von der anderen Seite. `Was wenn er es nicht ist? Wenn ich verarscht werde? Wenn das alles nur ein abgekartetes Spiel ist?` Als auf einmal die Tür geöffnet wird und Taoka den Raum betritt, gerate ich in eine Bewegungsstarre. Meine aufgerissenen Augen haften unausweichlich an ihm und lassen kein Blinzeln zu. „Was ist den hier los? Sichert das Gebäude und schaut ob irgendwer hier ist. Funkt den an, der für die Beobachtung von Yukama verantwortlich ist. Ich will wissen, was hier passiert ist. Bringt sie hoch und Sie? Kümmern sie sich bitte um sie." Noch immer wie paralysiert, nehme ich nichts richtig war, bis mit einem Mal der Schutzreflex meines Körpers einsetzt und mich bewusstlos werden lässt. „Das war wohl alles zu viel heute. Schlaf ein wenig meine Liebe, ich kümmere mich schon um den Rest"

Als ich wieder zu mir komme, liege ich auf einem Futon in einem der Räume in der ersten Etage. Leichte Kopfschmerzen sorgen für ein Schwindelgefühl, als ich mich vorsichtig aufrichte. „Hey, wie geht's?", fragt mich eine weibliche Stimme, welche ich, als ich mich umblicke, als die meiner Freundin erkenne. Sie wohnt, ja gefühlt schon seit Monaten, bei mir und hat sich, als ich nicht da war, um meine Katzen gekümmert. ,,Hey… was ist passiert?“, frage ich und nehme die Wasserflasche, welche sie mir reicht entgegen. ,,Ich weiß es ehrlich gesagt nicht. Unten wurde es auf einmal ziemlich laut, also bin ich runter und na ja, dann waren da diese Typen, also keine Ahnung, die waren schon öfter hier. Die bedienst du sonst im Hinterzimmer. Der Chef von denen hat dann irgendwelche Anweisungen gegeben und als er mich sah, meinte er, dass ich mich um dich kümmern soll. Du bist wohl umgekippt oder so…“, erläutert sie und sieht mich fragend an. ,,Was ein Mist. Ich muss runter und was mit Taoka klären gehen. Danke, dass du dich gekümmert hast, auch um die Kater, als ich nicht da war. Ich hatte ziemlich viel zu tun in der letzten Zeit, entschuldige.“ ,,Alles gut, ich wollte mich eh bei dir bedanken und dir mitteilen, dass ich ab nächstem Monat eine Wohnung in Tokio habe. Klein aber fein. Dann zahle ich dir auch die noch offenen Schulden wegen der Miete zurück und so.“ ,,Schön. Das freut mich für dich. Und alles gut, schau erstmal, dass du wieder gut auf deinen eigenen Beinen stehen kannst. Um die Rückzahlung kannst du sich dann immer noch kümmern. Ich gehe dann mal runter.“, mit diesen Worten stehe ich ganz auf, verlasse das Zimmer und schraube während des Gehens die Flasche auf. Bevor ich die Treppen herunter laufe, trinke ich einige Schlucke, stelle die Flasche in die Küche und begebe mich dann in den Laden. Dort angekommen, werde ich bereits von Taoka erwartet. ,,Shizuka meine Liebe, wie geht es dir?" ,,Hallo Taoka... ganz in Ordnung schätze ich. Vorhin dachte ich, du wärest da, allerdings war es Yukama... Der Mann hat doch wohl einen gewaltigen Schaden. Scheinbar hattest du recht und nicht nur meine Zukunft sondern auch mein Leben steht auf dem Spiel. Und ich denke, er auch etwas mit dem Unfall damals zu tun gehabt." ,,Nicht nur scheinbar. So leid es mir tut, aber es geht jetzt wohl alles recht schnell. Ich hatte ursprünglich erwartet, dass wir noch etwas mehr Zeit haben, aber allem Anschein nach legt er es darauf an, mit einem Mal an mehreren Stellen zur gleichen Zeit zuzuschlagen. Du bist nicht die Einzige, die von ihm bedroht wird. Er scheint eine neue Geschäftsmöglichkeit in Gastronomiebetrieben zu sehen. Ich weiß nicht, was genau er plant, aber ich möchte dich nicht weiter involvieren. Es reicht schon, dass du jetzt in solcher Gefahr bist. Bedauerlicherweise ist es nun so, dass aufgrund der immensen Schulden, welche deine Großeltern ungewollt hinterlassen haben, es wohl keine Möglichkeit gibt, deinen Laden noch zu retten.-" „BITTE WAS?! Das kann doch nicht sein?! Wie kann es sein, dass innerhalb von wenigen Wochen mein gesamtes Leben, wohlgemerkt zum wiederholten Male auf den Kopf gestellt wird? Ich habe doch nie etwas verbrochen." „Glaub mir, ich weiß, wie schwer das ist, aber wir müssen jetzt alles daran setzten, dich zu schützen, denn Fakt ist, selbst wenn wir es schaffen, das Geld aufzutreiben und zu bezahlen, wird er dich dann erstrecht nicht mehr in Ruhe lassen. Er würde Schutzgeld erpressen oder dich weiterhin bedrohen, bis er sein Ziel, deinen Laden in seine Hände zu bekommen, erreicht hat. Es muss sich jetzt also möglichst schnell eine Lösung finden lassen, wo du bleiben kannst. In wenigen Tagen beginnt der nächste Monat und bis dahin müssen wir eine Bleibe für dich gefunden haben. Kannst du bei irgendwem vorübergehend wohnen? Ich würde dich zwar zu mir holen, aber da bist nicht gerade sichere r.", erklärt er nüchtern und legt mir wohlwollend eine Hand auf die Schulter. „Nicht wirklich, meine Mitarbeiter will ich nicht weiter in dieses Problem hineinziehen. Ich könnte mich zwar mit Sicherheit bei Kaito einquartieren, aber wie gesagt, ich möchte ihn nicht in Gefahr bringen. Saeko wohnt nicht in Tokio und meine Freundin, die du vorhin auch gesehen hast, hat selber erst ab nächstem Monat ihre eigene Bleibe. Da bleiben nicht gerade viele... Ich würde mich ja selbst mit nem Hotelzimmer zufrieden geben, aber selbst da könnte die Finanzierung schwierig werden.", meine ich und schließe verzweifelt meine Augen. „Die Finanzierung könnte ich zwar übernehmen, aber abgesehen davon, dass du in einem öffentlichen Hotel, selbst wenn ich dir Sicherheitsleute zur Seite stellen würde, nicht sicher wärst, haben wir dann immer noch keine Lösung für deinen Laden. Ich gehe mal davon aus, dass du einen Teufel tun würdest, deinen Laden in Yukamas Hände fallen zu lassen, von daher bleiben uns nur wenige Möglichkeiten. Wir gehen jetzt mal davon aus, dass uns am Ende keine Ausweichmöglichkeit mehr bleibt und du so deinen Laden zwangsweise abgeben, bzw. ihn nicht weiterführen kannst. Was du nun machen könntest, wäre entweder den Laden an eine andere Person, z.B. diesem Kaito zu überschreiben, sodass er den Laden unter seinem Namen weiterführt, mit all den Problemen und Unannehmlichkeiten die die Geschäftsübernahme mit sich bringen würde." „Das kannst du sofort streichen. Ich werde ihn garantiert mit keinem Laden, der kurz vor der Insolvenz steht und von irgendwem bedroht wird, zurücklassen und gehen, als hätte es mich nie tangiert.“, unterbreche ich ihn und schüttle vehement den Kopf. Seufzend spricht er weiter: „Die andere Möglichkeit wäre es, um zu verhindern, dass Yukama dein Leben und den Laden an sich reißt, deinen Tot vorzutäuschen und oder den Laden zu zerstören.“ „Findest du das nicht etwas übertrieben? Meinen Tod vorzutäuschen finde ich schon etwas radikal und den Laden zerstören, für den meine Familie am Ende ihr Leben gelassen hat? Ich-“

„Die einzig relevante Frage ist jetzt, und darauf brauche ich eine klare Antwort, da es nichts bringt alles abzustreiten, und drum herum zureden, in der Hoffnung, dass sich eine bessere Lösung finden lässt, was nicht passieren wird, willst du das mit diesem Laden, deine gesamte Familie, dein gesamter Stammbaum, dir inklusive endet? Dann hat dieser Laden nichts gebracht außer Leid und Tod. Die letzte Entscheidung musst du fällen. Bedenke einfach, dass mit dieser deine Zukunft, die deiner Angestellten und deiner Freunde in gewisser Hinsicht besiegelt wird. Wenn wir den Laden zerstören, es wie einen Unfall aussehen lassen, kannst du vorher mit deinem Hab und Gut verschwinden und die nächsten Jahre, bis zum Ende deines Lebens in Sicherheit verbringen und endlich dein Leben leben. Nicht das, was du nun führst, weil du denkst, du wärest es deinen Großeltern schuldig. Stell dir mal die Frage ob dieser Laden wirklich alles für dich ist und sein soll. Ich weiß, ich wiederhole mich, aber bist du bereit, für diesen Laden zu sterben? Willst du bis zum Ende deines Lebens hinter diesem Tresen stehen und Besoffene bedienen? Das kann doch nicht wirklich dein Lebensziel sein?!", redet er auf mich ein, während er mich aus seinen brauen Augen eindringlich ansieht.

Kapitel 13

Ich... du hast ja irgendwo recht... damals kam es mir eigentlich ganz gelegen, nachdem ich mein Studium abgebrochen habe und dann den Laden übernommen habe, war es mir nur wichtig meine zeit mit Arbeit zu verbringen, um nicht auf dumme Gedanken zu kommen. Als meine Großeltern vor knapp vier Jahren verstarben, habe ich es quasi als meine Pflicht angesehen, diesen Laden weiterzuführen, aber vielleicht hast du ja recht und er ist der Grund, warum ich damit nicht abschließen kann. All die Schwierigkeiten in letzter Zeit bringen die ganzen unterdrückten Gefühle wieder hoch. Ich weiß einfach nicht mehr weiter. Als Manabu Naoi mir vor einiger zeit angeboten hat, mit ihm und dem alten Trainer die Volleyball Mannschaft der Nekoma zu trainieren, hätte ich nichts lieber gemacht als mich ihnen anzuschließen. Ich habe aber abgelehnt, weil ich mich diesem Laden verpflichtet gefühlt habe. Genauso wie meinen Angestellten...", stimme ich ihm zu und lasse mich schweren Herzens auf den Barhocker fallen. „Also?" Kurz denke ich nach. Dieser Laden hat mich viele Jahre meines Lebens begleitet, hat mich ausgemacht und dafür gesorgt, dass ich eine große Anzahl an Menschen kennenlernen durfte, welche ich nur ungern missen würde. Aber Taoka hat recht. Dieser Laden ist nicht mein Leben. Ich muss mich von der Vergangenheit lösen und endlich meinen Weg gehen. Und ich werde Yukama garantiert nicht noch in die Hände spielen, in dem ich ihm das Lebenswerk meiner Familie einfach kampflos überlasse und gehe. „Ich bin wirklich froh und dankbar dich kennengelernt zu haben Taoka, für all deine Hilfe und Unterstützung. Und einfach dich als Mensch. Wirklich, danke. Und ja, es ist wie es ist, ich liebe diesen Laden, genauso wie ich meine Familie geliebt habe und noch immer liebe aber ich weiß auch, dass ich damit abschließen muss. Ich werde Naos Taverne im Herzen tragen und als Lebensabschnitt beibehalten, aber ich werde nicht mit diesem Laden untergehen. Gib mir ein paar Stunden, dann kläre ich mit meiner Freundin und meinen Angestellten was Sache ist und dann überlasse ich dir freie Hand, mach was getan werden muss und danke nochmal, dass du das tust, ich weiß genau dass ich nicht die Kraft dazu hätte.“ Mit diesen Worten blicke ich den Mann vor mich sicher an und begebe mich dann in Richtung der Treppen. „Du bist sehr wohl stark, es ist nicht schwach, Hilfe anzunehmen und sich auf andere zu verlassen. Manche mögen denken, dass es stark ist, festzuhalten, aber wahre Stärke zeigt man, wenn man loslässt und glaub mir meine Liebe, du hast bereits soviel durchgemacht und stehst trotzdem noch mit beiden Beinen im Leben und bist nicht daran zerbrochen. Du kannst durchaus stolz auf dich sein und auf das, was du bisher erreicht hast.“ Mit einem Nicken, zeige ich, dass ich seine Aussage wohl wahrgenommen habe und laufe dann durch den Fadenvorhang nach oben. In der ersten Etage angekommen, klopfe ich an die Zimmertür meine Freundin, welche mich auch sogleich herein bittet. „Was gibt's?“ „Mal ne Frage… also ich möchte echt nicht, dass das jetzt klingt, als würde ich dich loswerden wollen, was auch nicht der Fall ist, aber wann kannst du deine neue Wohnung frühestens beziehen?“, frage ich, in der Hoffnung, dass diese Frage nicht zu direkt kommt und ihr womöglich unwohl aufstößt. „Uhm, also meines Wissens nach, ist die ehemalige Mieterin schon ausgezogen, also theoretisch direkt, mein Vertrag beginnt aber erst ab nächstem Monat... Warum denn eigentlich? Ist was passiert?“ „Ok, wäre es möglich, dass du dich mit ihnen absprichst und möglichst bis morgenfrüh in die andere Wohnung kommst? Es ist nämlich so, ich habe mit Taoka gesprochen und dadurch muss ich jetzt kurzfristig den Laden räumen. Tut mir echt leid, dass ich damit so überrenne.“ „Ach was, alles gut, kein Problem. Ich rufe die Dame einfach jetzt direkt an und danach den Vermieter. Das sollte eigentlich nicht die Schwierigkeit sein.“ „In Ordnung. Danke dir.“ Mit diesen Worten nicke ich ihr dankbar zu und lasse sie dann allein. Nachdem der erste Punkt auf meiner Liste abgehakt ist, laufe ich die Treppen nach oben hoch, weiche Sasuke aus und lasse mich auf meinen Schreibtischstuhl fallen. Dort öffne ich an meinem Computer die digital gespeicherten Unterlagen zur Kündigung und Entlassungen und schicke die Formulare mit einem kurzen Text, in welchem ich meinen drei Angestellten die Situation erläutere, natürlich nicht ganz so ausführlich und detailreich, an eben diese. Als auch das erledigt ist, schreibe ich den dreien noch eine SMS, dass sie bitte in ihr Postfach schauen sollen, die Formulare durchlesen, unterschreiben und an mich zurückschicken sollen, im besten Fall so schnell wie möglich. Auch teile ich ihnen noch mit, dass sie selbstverständlich ihr Gehalt dennoch weitergezahlt bekommen, jedenfalls für diesen und nächsten Monat. Seufzend fahre ich meinen Computer herunter und krame die große Reisetasche von mir unter dem Bett hervor. Nachdem ich diese auf meinem Bett abgelegt habe, packe ich zunächst einiges an Kleidung von mir hinein, genauso wie das Familienfotoalbum, welches das einzige ist, in welchem Bilder von mir und meinem Bruder sind. Auch der Ordner mit meinen persönlichen Papieren findet seinen Weg in die Tasche. Ehe ich weiter packe, laufe ich in den Laden um Taoka zu erklären, was jetzt los ist. Auf dem Weg nach unten ertönt plötzlich mein Klingelton, weshalb ich mit wenigen Handgriffen mein Handy aus meiner Tasche fische und den Anruf entgegen nehme. „Kaito, was gibt's?“ „Sag mal, geht's dir eigentlich zu gut oder was? Erst die SMS, dann schaue ich in die Email und lese, dass du mir kündigst und den anderen scheinbar auch? Was ist los?“ „Sorry, ich weiß, dass das wohl ziemlich überraschend kommt und ich hätte auch nicht damit gerechnet, dass das jetzt alles so schnell geht, aber jetzt ist es eben so. Ich muss jetzt noch einiges klären, also entschuldige, dass ich dich jetzt einfach so abwürge. Füll bitte einfach die Unterlagen aus und schick sie mir zurück dann kann ich alles schnell klären und die Situation regeln. Mach dir keinen Kopf, bei mir ist alles ok. Machs gut mein lieber." „Nao, ich-", ohne ihn aussprechen zu lassen, packe ich mein Handy, welches ich ja um die SMS zu verschicken wieder zusammengebaut habe, wieder in mein Tasche fallen und gehe dann zügigen Schrittes auf Taoka zu. „Schon alles geklärt?", ertönt es von diesem verwundert. „Nun, ich will es jetzt einfach hinter mich bringen, es wissen alle Bescheid, die Bescheid wissen müssen, dem Rest kann ich dass dann immer noch mitteilen.", meine ich nur und verschränke die Arme vor der Brust. „Na dann, in Ordnung, also in den nächsten Stunden, werden die zwei meiner Jungs helfen, das wichtigste aus deiner Bude zu räumen. Du wirst nur das wichtigste mitnehmen können, dass ist dir ja wohl bewusst oder?" Als er mein Nicken sieht, spricht er weiter: „Gut, auf jeden Fall wirst du das wichtigste Zeug mitnehmen und dann lasse ich meine Jungs rein, die sich dann um den Laden kümmern. Wenn alles so klappt, wie geplant, bist du morgenfrüh alle Probleme mit Yukama los..." „Was ist?", verlange ich zu erfahren, als er zum Ende hin leiser wird, al hätte er noch etwas sagen wollen. „Nun, es ist so, Yukama hat vermutlich in ganz Tokio seine Leute versteckt, du wirst also niemandem trauen können… am Besten wäre es wohl, wenn du diese Stadt zunächst einmal ganz hinter dir lässt.“ Schweren herzes mache ich deutlich, dass ich auch das verstanden habe. „Alles gut… ich packe mein Zeug in meinen Wagen und verschwinde dann.“ „Was das angeht… Dein Wagen wird hierbleiben müssen. Sonst wäre ja klar, dass du gar nicht da warst. Das könnte bei späteren Ermittlungen, welchen wir nicht unbedingt aus dem Weg gehen können, negative Auswirkungen haben. Man würde vermutlich zwangsweise auf längere Zeit versuchen, dich ausfindig zumachen, damit du den entstandenen Schaden rückerstatten kannst. Was deinen Wagen angeht, wenn du nicht willst, dass er irgendwem in die Hände fällt, lassen wir auch dort jegliche Spuren verschwinden aber den Wagen wirst du hierlassen müssen.“ „Aber ich will meinen Tod doch gar nicht vortäuschen. Kann ich nicht einfach verschwinden und die Sache ist erledigt?“ „Nun, dass ist nicht ganz einfach. Es könnte dann Probleme mit der Versicherung geben, es sei denn…“ „Was?“ „Ich muss mal eben ein paar Telefonate führen… pack schon mal deine Sachen zusammen und schick auch deine Freundin los. Ich melde mich bei dir, sobald ich alles geklärt habe und sage dir dann, was gemacht wird.“ Sprachlos sehe ich ihm dabei zu, wie er meinen Laden verlässt und mich alleine stehen lässt. `Das ist jawohl nicht sein Ernst?` Gerade will ich mich umdrehen und hochgehen, als mein Blick auf den Tresen fällt. ,,Hey, Shiuka! Ich kann heute schon in die Wohnung! Ich rufe mir nur noch ein Taxi und packe mein Zeug zusammen.“ ,,Das ist ja klasse, dann kann dein Leben ja endlich richtig losgehen... Entschuldige nochmal, das ich dich praktisch rauswerfe.“ ,,Alles gut, klingle einfach bei mir durch, wenn alles geklärt ist. Ok?“, mit diesen Worten kommt sie auf mich zu und nimmt mich kurz in den Arm, weshalb ich mich etwas versteife. Körperkontakt ist einfach nicht wirklich meins. ,,Klar, machs gut.

Kapitel 14

Als sie wieder verschwunden ist, stelle ich mich hinter den Tresen und werde etwas nostalgisch, als ich über das kalte Holz streiche. Während ich meinen Blick durch den eigentlich leeren Raum schweifen lasse, wie ich es sonst immer tat, als ich die Gäste bedient habe, höre ich die Geräuschkulisse meines Laden in meinen Ohren widerklingen. Das Klackern der Billardkugeln, das Rauschen und Rattern der Spielautomaten, das Anstoßen von gefüllten Gläsern und die Unterhaltungen der Gäste. Auch sehe ich Toniou, unseren Stammgast vor meinem Inneren Auge, wie er lachend am Tresen hockt und der Laden sonst mit Leben gefüllt ist. Was eine Zeit… Irgendwie werde ich es schon vermissen… Seufzend drehe ich mich um und lasse zu, dass meine Augen auf dem eingerahmten Bild von meinen

Kollegen und mir hängen bleiben. Das Bild ist vor wenigen Monaten entstanden und ich habe mich dazu entschlossen es hier aufzuhängen. Kurzerhand nehme ich das Bild an mich und nehme als weitere Erinnerung an meinen Laden, neben jenen in meinem Kopf und dem Bild, auch die schwarze Acht vom Billardtisch mit. Wenn ich schon sonst nichts mitnehmen kann, dann wenigstens die Kugel, die das gesamte Spiel im normallfall beendet. \`Wie passend\`, schmunzle ich innerlich und laufe nach oben, wo ich die Sachen in die Tasche sinken lasse. Ich weiß zwar nicht, wie lange das jetzt noch dauert, aber lieber kümmere ich mich jetzt um meine Kater. Also hole ich die Transportbox der beiden und verfrachte sie kurzerhand in diese, wie gut, dass die damit kein Problem haben. Sasuke musste ich zwar mit Leckerlies hineinlocken, aber das hat im Großen und Ganzen ganz gut geklappt. \`So, und was nehme ich jetzt mit?\`, stelle ich mir innerlich die Frage und schaue ich etwas in meiner Wohnung um. Am Besten, ich nehme als erstes das Zeug für Sasuke und Sirius mit, damit die beiden auf jeden Fall versorgt sind, dann weitere Kleidung und na ja, dann schaue ich mal, was mir noch von Nutzen sein könnte.

Zeitsprung ca. 3 Stunden später, weil Yachi die Regeln beim Volleyball einfach nicht verstehen will, obwohl Kiyoko ihr alles geduldig erklärt, sodass selbst die größten Idioten das verstanden hätten.

„Gut, hast du alles gepackt?", höre ich Taoka fragen, weshalb ich nur schweigend nicke. „In Ordnung. Pack die Sachen, die du mit nehmen willst erstmal in deinen Wagen, die beiden helfen dir dabei. Und ihr, fangt an!", delegiert er seine Leute, während mich zwei von ihnen nach oben begleiten um meine Sachen nach unten zu tragen. „Die Sache, die mit müssen, stehen hier vorne. Danke.", gebe ich von mir und schnappe mir selbst, neben meinem Autoschlüssel, die Box mit meinen Tieren. Somit gehe ich vorne weg nach unten, aus dem Gebäude raus und stelle meine Kater auf den Beifahrersitz. „Ihr merkt auch, dass sich etwas verändert, was? Aber macht euch keinen Kopf, ich bleibe bei euch und wir drei bleiben zusammen, egal was passi ert.", murmle ich während die Unsicherheit in meiner Stimme deutlich mitschwingt. Geschwind helfe ich auch die letzten, wenigen Sachen von mir in mein Auto, in welchem bereits die Klamotten von Saeko und ihren Badmitgliedern liegen, zu stellen, ehe ich dieses wieder abschließe und zu Taoka laufe.

„So, meine Liebe...es ist soweit alles geklärt, ich muss dir jetzt nicht detailliert erzählen, was wir hier machen werden, fakt ist, am Ende werden von deinem Laden nur noch die Grundmauern übrigbleiben. Wenn überhaupt. Die Feuerwehr du sonstige Hilfskräfte müssen erst einmal einen Weg finden, her zu kommen und wenn sie das denn dann mal geschafft haben, müssen sie ein ziemlich heftiges Feuer mit verschiedenen Zündherden unter Kontrolle bringen. Aber deinem Blick nach zu urteilen, möchtest du davon gar nichts wissen. Was die Dinge angeht, die für dich relevant sind, mir wäre es lieb, wenn du vor dem Start, also bevor die ersten Funken fliegen, aus Tokio raus bist, auch damit du das nicht mit ansehen musst.-“ „Ich wer gerne dabei Taoka. Wenn es möglich ist, möchte ich dabei sein. Ich will nicht einfach verschwinden, die alles überlassen und mich dann niewieder melden. Ich will und muss es mit eigenen Augen sehen. Sonst kann ich mir das ncht verzeihen und verarbeiten kann ich es dann erstrecht nich t.“, unterbreche ich ihn und schaue ihn entschlossen an. „Wenn du meinst, zwei von meinen Leuten werden das ganze aus sicherer Entfernung im Auge behalten, damit auch nichts schief läuft, aber du bleibst nicht bis zum Ende, sieh dir an wie es anfängt, wenn du denkst, dass zu müssen, aber danach verschwindest du. Womit wir beim nächsten Thema wären. Ich würde zwar einen Fahrer organisiert kriegen, allerdings habe ich ein ungutes Gefühl dabei, da es sein kann, das Yukama das ganze von seinen Spitzeln überwachen lässt, nicht das ich ausschließen würde, dass er nicht schon längst Bescheid weiß, aber wir müssen das ja nicht noch herausfordern. Von daher-"

„Entschuldige, Taoka", gebe ich schnell von mir, hole mein klingelndes Handy aus der Tasche und nehme den Anruf entgegen ohne zu schauen, wer denn der Anrufer ist. „Shizuka am Apperat, was-" „ZUKI?! Endlich erreiche ich dich. Was ist los bei dir?! Spinnst du komplett! AUS DEM WEG!", brüllt mir eine Stimme ins Ohr, weshalb ich mein Handy im gleichen Atemzug einige Zentimeter von meinem Kopf entferne. „Ukai?" „Hör zu, ich weiß zwar nicht, was bei dir los ist oder was du vor hast, aber mach nichts unüberlegtes! Ich bin auf dem Weg. Bleib einfach bei deinem Laden, in spätestens zwei Stunden bin ich da. Dann können wir über alles reden. Tu dir einfach nichts an, klar?!", höre ich ihn grölen, weshalb ich nur verwirrt die Augenbrauen hebe. `Was ist den bei dem los?`„Mir was antun? Warum sollte ich das tun? Ich glaube, ich sollte lieber fragen, ob bei dir alles gut ist?..." Als nach wenigen Sekunden keine Antwort kommt und mein Blick auf den älteren Mann neben mir fällt, welcher mich skeptisch beäugt, kommt mir eine Idee. „Hey Keishin?" „Huh?", ertönt es durch mein Handy, nun deutlich ruhiger. „Du sagtest gerade, dass du auf dem Weg hier her, also nach Tokio bist, meintest du das ernst?" „Öhm, ja... du klangst keine Ahnung so durch den Wind und da ich dich seit dem nicht mehr erreicht habe, habe ich mich in mein Auto geschmissen und bin jetzt auf dem Weg.", gibt er leicht unsicher von sich, was mich schmunzeln lässt. „Auch wenn ich nicht gläubig bin, aber bei Gott, möge dir nie etwas schlimmes wiederfahren, du bist meine Rettung Keishin." „Ähm? Was meinst du?" „Entschuldige, wenn ich so mit der Tür ins Haus falle, aber wäre es möglich, dass du mich, wenn du hier ankommst wieder nach Miyagi zurückbringst?" „Häh? Warum das denn? Hast du was vergessen?", kommt es weniger klug von ihm zurück. Aber was erwarte ich, er weiß ja gar nicht, was gerade los ist, aber süß ist es alle mal, das er überhaupt hier hin kommt, obwohl wir uns ja eigentlich gar nicht wirklich kennen, bzw. obwohl wir eigentlich ja nicht mal eine richtige Freundschaft zu einander haben, jedenfalls keine längerfristige. Aber ist ja auch egal. „Nein, ich muss... egal, dass erkläre ich dir später. Und ich hab ein wenig Gepäck dabei, denkst du das bekommen wir in deinen Wagen?“ „Ähm klar, aber was ist mit-“ „Ich danke dir Keishin, du hast was gut bei mir, ach was, wünsch dir irgendwas, und ich mach und besorg es, du glaubst gar nicht, wie sehr du mir gerade den Hintern rettest. Hab dich lieb und danke nochmal.“, ohne wirklich wahrzunehmen, was ich da gesagt habe, da die Glücksgefühle welche durch meinen Körper wandern, das irgendwie unterdrücken, lege ich erleichtert mein Handy beiseite und kläre Taoka darüber auf, dass ich in knapp zwei Stunden abgeholt werde. „Nun auch gut, damit hat sich mein nächster punkt geklärt. Um die Entsorgung deines Wagens kümmern wir uns nachher. Da musst du dir keine Gedanken drum machen. Also lassen wir die Jungs arbeiten und setzten uns zu mir in den Wagen, während wir auf dein Shuttle warten. Als wir endlich in seinem Wagen, eher einer Limousine, sitzen, fragt er an mich gerichtet: „Und hast du noch irgendwelche Fragen?“ „Wenn ich jetzt frage wie es jetzt weiter geht, ist das glaube ich ziemlich blöd öder? Also dann formuliere ich es lieber so, werden wir weiter Kontakt haben, oder besser gesagt, werde ich irgendwann erfahren, wie der ganze Mist hier ausgegangen ist?" „Nun ja, sagen wir so, wenn irgendwann die Polizei vor deiner Tür steht und wegen dem Laden mit dir reden will, kannst du davon ausgehen, dass irgendetwas schief gelaufen ist und wenn sich die Sache mit Yukama irgendwann lösen lässt und es in den Nachrichten kommt wirst du er erfahren, ansonsten, nun ja ansonsten wohl eher nicht. Ich werde dich nicht in Gefahr bringen und jeglicher Kontakt ist mit einer Gefahr verbunden, der ich weder dich, noch meine Jungs aussetzten werde. Wenn du nichts mehr von mir oder dem was hier passiert ist hörst, ist dass für dich das Zeichen, dass alles gut ist und du dir keine Sorgen mehr machen musst, dass du endlich endgültig abschließen kannst. Leb dein Leben meine Liebe. Gründe eine Familie und kümmere dich um dich und deine liebsten. Mach dir keine Gedanken darüber, was aus mir oder deinen alten Gästen wird, sondern sieh nach vorne. Um die Gehaltszahlungen deiner Kollegen habe ich mir vorhin bereits gekümmert. Also schließ mit diesem Kapitel ab, sobald du die Stadt verlassen hast. Versprich mir das ja?".

Kapitel 15

In Ordnung, danke", bedanke ich mich, womöglich ein letztes Mal bei Taoka und lasse meinen Kopf dann müde gegen die Lehne des Autositzes fallen. ,,Mach dir nicht so viele Gedanken. Es wird schon alles das Ende nehmen, welches das Schicksal für uns vorgesehen hat." Zwar nehme ich seine Worte war und auch verstehen tue ich sie, aber dennoch dringen sie irgendwie nicht vollends zu mir durch, denn noch immer bin ich von den Zweifeln und Zukunftssorgen umgeben. Es mag sich vielleicht einfach anhören und dass jetzt alles so flott passiert unterschreibt die Einfachheit unseres Vorhabens ja eigentlich, aber all das ändert nichts an meinen Gedanken. Wenigstens ist Ukai bei mir... Schon lustig, vor wenigen Tagen noch, habe ich nicht einen Gedanken an den nun blond-braun haarigen Raucher und Volleyballcoach verloren, mit welchem mich viele Jahre eine gewisse Freundschaft verbannt und schon kurz nachdem er in mein Leben zurückkehrte, gibt es eine 180 Grad Wende. Aber ob ich diese Entwicklung nun gut heiße oder nicht, wird sich wohl in den kommenden Wochen zeigen... `Da fällt mir ein` „Ähm Taoka, eine Frage. Keishin Ukai, derjenige, der mich gleich mitnimmt, kommt er überhaupt hier her? Wenn du sagst, dass selbst die Rettungskräfte erstmal schauen müssen, wie sie herkommen?" „Keine Sorge, meine Leute sitzen, ebenfalls wie jene von Yukama überall. Also durchaus auch in den Leitstellen und den Wachen selbst, des Weiteren werden sich unglücklicherweise wohl gerade heute einige ignorante Autofahrer auf den Straßen herumtreiben, welche das sowieso schon unübersichtliche Straßenchaos etwas aufmischen werden. Er kommt schon durch.", merkt er mit einem Schmunzeln an und sind wieder auf sein Handy. Einige zeit herrscht Schweigen zwischen uns, welches erst gebrochen wird, als einer von Taokas Leuten an die Scheibe klopf und die Tür öffnet. „Sir? Es ist alles vorbereitet." „Gut. Dann nimm Shizuka bitte mit. Fangt an, wenn ihr Fahrer hier auftaucht. Meine Liebe? Du wirst deine Sachen dann in den Wagen deines Bekannten packen und von hier verschwinden.“, mit diesen Worten legt mir Taoka ein letztes Mal die Hand wohlwollend auf die Schulter, eher er dem Mann auf dem Fahrersitz, welchen ich erst jetzt bemerke, ein Zeichen gibt und dieser, nachdem ich die Limousine verlassen habe, davon düst. `Das war´s dann wohl...` ,,Folgen Sie mir bitte!“, fordert mich sein Untergebener auf und geht zügigen Schrittes davon. `Ukai wird noch etwa eine Stunde brauchen, schätze ich.´, erschließe ich mir selbst in Gedanken und spüre wie ich innerlich immer unruhiger werde. ,,Kann ich mich noch einmal von allem verabschieden?“ ,,Sie wollen da nochmal rein? Sind Sie sicher?“, will der jüngere Mann vor mir wissen, weshalb ich ihm sicher zunicke. ,,Na schön, ich werde Sie begleiten.“ Kurz tippt er etwas auf seinem Handy herum, ehe er mir andeutet vor zu gehen. Also atme ich tief ein und gehe dann durch die geöffnete Tür in den laden, nachdem ich mir das Gebäude nochmal von außen genau zu Gemüte geführt habe. Das Schild über dem Laden leuchtet nicht und auch das open-Türschild gibt keinerlei Licht von sich. Die Stühle stehen hochgestellt auf den Tischen, die Automaten sind aus, die Scheiben noch immer, vergleichsweise zu sonst, dreckig, da ich e nicht mehr geschafft habe, sie zu putzen und auch sonst wirkt der raum eher trostlos. Das Leben, welches erst durch meine Angestellten und selbstverständlich durch meine Gäste in dem Laden für die Freude und das größtenteils sorglose Miteinander geführt hat, fehlt völlig. Die Räume wirken fremd, selbst während ich hinter dem Tresen stehe und meinen Blick über die alkoholischen Getränke wandern lasse, wie ich es die letzten Jahre immer tat, regen sich keinerlei nostalgische Gefühle in mir. Abgestumpft beschreibt meine Gefühllage wohl am besten. Auch als ich langsam durch die Küche schreite und meine Hand über die Edelstahl-Ablagen gleiten lasse, spüre ich lediglich die Kälte des Metalls in meinen Fingern. Die Küche und den Gastraum hinter mir lassend, den jungen Mann der mir die ganze Zeit stillschweigend folgt nicht wahrnehmend, schiebe ich den Fadenvorhang, welcher die Treppen nach oben versteckt zur Seite. `Wie oft hab ich das nun schon gemacht?´, frage ich mich selbst schmunzelnd und gehe die Stufen langsam nach oben. Kurz schießt mir das Bild von dem braunhaarigen Spieler der Karasuno in den Kopf, welcher sich vor wenigen Tagen noch auf dieser Treppe vor meinem Kater erschreckt hat. Da fällt mir ein… wenn ich in Miyagi bleibe, kann ich ja auch zu den Spielen der Jungs… na ja, erstmal sollte ich mir Gedanken über eine Bleibe und einen neuen Job machen. Ich kann schließlich nicht ewig bei Keishin bleiben… der weiß glaube ich auch noch gar nichts von seinem Glück… oder hab ich ihm das vorhin erzählt? Na ja, ist ja auch egal. Oben im Flur beschließe ich, mir nicht die einzelnen Zimmer anzusehen, da ich dort eh nie sonderlich viel Zeit verbracht habe. Außer vielleicht mal zum sauber machen, aber eine sonderliche Verbundenheit oder besondere Erinnerungen verknüpfe ich nicht mit dieser Etage. Abgesehen von der Küche vielleicht und… Ich spüre wie sich meine Wangen tief rot verfärben, als mir die Situation wieder ins Gedächtnis gerufen wird, als ich Keishin mit dem dicken Roman die Treppen herunter befördert habe, nur um wenige Sekunden später auf ihm zu landen… `Ist ja nicht so, dass ich in Miyagi nicht die Möglichkeit habe, einen mit Saeko trinken zu gehen. Aber trotzdem waren unsere Abende in der kleinen Etagenküche immer recht witzig.´, erinnere mich und kann mir ein kurzes, fast schon trauriges Auflachen nicht verkneifen. Mühselig kommt es mir schon fast vor, als ich die hölzernen Stufen ins Dachgeschoss erklimme. Niedlich waren die Zimmer hier oben ja schon. Kurzerhand gehe ich auf mein Bett zu, öffne das Dachfenster über diesem und stecke meinen Kopf durch das Fenster. Was sich auf jeden Fall festhalten lässt, nur weil ich hier wegziehe und es meinen Laden nicht mehr geben wird, wird sich Tokio selbst nicht verändern und auch meine Erinnerungen, werden stets ein Teil von mir bleiben. Ob nun mit Taoka, meinen Gästen, Kollegen und Freunden oder auch die zukünftigen mit Keishin. Tokio war viele Jahre mein Zuhause, aber es ist an der Zeit, dass ich in meine Heimat zurückkehre. Passend mit diesem Gedanken, sehe ich ein quitsch-gelbes Auto um die Ecke rasen. `Wenn das mal nicht Keishin ist... der fährt ja schlimmer als ich...`, leicht schockiert schließe ich das Fenster mit den Worten „Leb wohl Tokio" und begebe mich dann zügigen Schrittes auf dem Gebäude, welches mir mittlerweile so fremd vorkommt. Gerade als ich aus der Tür trete, kommt mir mein ehemaliger Schulkamerad entgegen gelaufen und ehe ich mich versehe, finde ich mich in seinen starken Armen wieder. Während er mich fest an sich drückt, wird mir schlagartig bewusst, dass dieser Mann vor mir für mich da ist und auch sein wird, egal was passiert. In mir taucht ein bislang unbekanntes Gefühl auf, welches mir mit einem Mal bewusst werden lässt, dass es in Ordnung ist sich fallen zu lassen, sich auf andere zu verlassen und sich vor allem auf ihn, Keishin

Ukai zu verlassen. Wie Taoka schon sagte, man muss nur den richtigen finden. „Dir geht es gut! Ich dachte schon du tust dir irgendwas an… das kannst du mir doch nicht antun", höre ich ihn in meinen Haaransatz murmeln, was mich dazu treibt meine Arme, welche ich ebenfalls um ihn geschlungen habe zu lösen und meine Hände auf seinen Wangen abzulegen, nachdem er seinen festen Griff minimal gelockert hat. Noch immer ist der Abstand zwischen uns verschwindend gering, doch ausreichend um ihm tief in seine Teddybrauen Augen blicken zu können. In diesen erkenne ich sowohl Verwirrtheit, als auch Erleichterung und Entschlossenheit. All seine Gefühle prasseln auf mich ein und seine Hände, welche zunächst auf meinem untern Rücken lagen, wandern langsam aber sicher nach oben. Während wir uns tief in die Augen sehen und die Welt um uns herum nicht mehr wahrnehmen, überbrückt Keishin die letzten Zentimeter welche unsere Gesichter noch von einander trennen. Ein warmes und wohliges Gefühl der Sicherheit und Verbundenheit überkommt mich und lässt all die negativen Gedanken und Gefühle welche mich bis vor kurzem noch in ihren kalten Ketten eingeschlossen haben, verschwinden. Nicht nur die Ketten der Sorgen und der Vergangenheit sondern auch alles andere und lässt meinen Körper und Geist gefühlt schwerelos werden, als sich unsere Lippen treffen. Mit geschlossenen Augen genieße ich den Moment und konzentriere mich rein auf den Mann vor mir, welcher in mir ein so großes Gefühl der Geborgenheit hervorruft, dass ich es gar nicht in Worte fassen kann. Noch wenige Sekunden halten wir den Kuss, ehe sich unsere Gesichter wieder von einander entfernen und ich langsam meine Augen öffne. Auch mein Gegenüber öffnet seine Augen und sieht mich nun entschlossener den je an. „Ich liebe dich Zuki. Und ich lass nicht zu, dass dir irgendwas passiert. Ich bin für dich da und werde es auch immer sein. Verlass dich drauf und egal was andere sagen, ich bleibe an deiner Seite. Ich weiß, dass ich vielleicht nicht gerade der klügste oder was weiß ich bin und ich weiß auch, dass ich nicht gerade gut in sowas bin und mich vielleicht gerade lächerlich mache, aber du bist mir verdammt nochmal wichtig und ich will für dich da sein. Egal was in den letzten Jahren passiert sein mag und egal wie sehr wie uns seit damals verändert haben, ich weiß wie du tickst und dass du dir nicht gerne helfen lässt, weil du nicht weißt was passiert, wenn du dich auf andere verlässt, aber vertrau mir und darauf, dass ich für dich da bin. Ich liebe dich und egal was du sagts, daran wird sich auch so schnell nichts ändern.

Milton Keynes UK
Ingram Content Group UK Ltd.
UKHW020800241123
433194UK00016B/1095